大都會文化
METROPOLITAN CULTURE

大都會文化
METROPOLITAN CULTURE

大都會文化
METROPOLITAN CULTURE

大都會文化
METROPOLITAN CULTURE

幸福 The Way to Get Happiness
從改變態度開始

善待身邊的人，才是真正幸福的開始

前言

在我們的日常生活中，感情有時候非常溫和，有時候卻比刀鋒更利，時時刻刻都會在無形無影間令人心如刀絞。

與我們最親的人，也是我們最容易傷害的人。這種傷害是無意識的，不自覺的，也是自己最不情願的。人生不如意事十有八九，但凡我們受到委屈或是感到憤怒，就會無形地遷怒於我們最親的人，對他們發牢騷、發脾氣、發無名火，認為他們會永遠包容我們、理解我們，所以就任由自己說著最傷人的話，做著最傷人的事。

同樣一件事，發生在別人身上我們能理解、能包容，但對自己最親的人，我們總是有著更多的要求，認為他們應該怎樣怎樣，在沒有達到我們的期望時，我們就會毫無顧忌地宣洩自己的不滿。總認為越是親近的人，我們越沒必要掩飾自己的真實想法，於是我們便不自覺地傷害著他們。

他們或許不會怨恨，可是總會留下淡淡的傷痕。日積月累，傷痕越來越深。我們可以對一個陌生人面帶微笑，可以向一個路人伸出援手，為什麼卻會毫不留情地去傷害我們最親的人？

有一句歌詞唱得很好：「最愛我的人傷我最深。」不要真的離得越近傷得越深，好好珍惜默默陪伴在我們身邊最親的人，不要把太多的傷害帶給最親的人，不要把太多的遺憾留給自己，不要讓親情變成世界上最遠的距離。

很多人認為，反正是自己最親密的人，話說重一點沒關係。於是，父母管教孩子專挑難聽的話刺激他；夫妻吵架互相揭短；親屬之間遇到利益之爭更是「寸土不讓」；戀人吵架也挑難聽的講……他們都說是因為沒拿你當外

前言

人才會任性、說話隨便，現實卻是在外人面前個個都表現得很紳士，說話小心翼翼，一整個本末倒置！其實，親人才是最需要呵護的，因為這直接關係到你自身的幸福。

想要讓愛永存，我們需要做的還有很多，比如：互相理解、互相關懷；學會感謝、學會給予。唯有改變態度，改變對待親人的方式，才能讓歡聲笑語永遠圍繞著我們。

目　錄

第五章

第一章

不要愧對最親的人

愛是雙向的，雖然親人的愛是不求回報的，但我們卻不能心安理得地只去享受。有句古話叫：「樹欲靜而風不止，子欲養而親不待。」親人給予我們溫暖和力量，看著我們一步一步長大成人，我們理應用實際行動來回報他們，千萬不要讓自己的人生留下遺憾。到時候，不管你說多少個「對不起」都彌補不了缺口。

對親人，永遠要善待

你是不是時常提著上學而忽視母親一大早起來準備的早飯？

你是不是時常嘟囔著老人們太嘮叨而不願加一件毛衣？

你是不是時常覺得父母給你的關懷太少而讓你用叛逆來「抗議」？

做好想為親人做的每一件事情

三毛的《不死鳥》是一篇很短小的文章，卻讓人很難忘記。荷西問三毛：「如果妳的生命還剩下一個月，妳會選擇做什麼呢？」三毛拍了拍手上的麵粉，對荷西笑笑：「我不會死的，我還要給你做餃子吃呢！」

是啊，活在這世上，是一種責任，至少為了那些愛你的人，你要勇敢地面對一切。

有一次大地震後，一個母親懷抱著嬰兒被困在倒塌的建築物下，時間一天天過去，救難人員沒有找到他們。嬰兒餓得奄奄一息時，母親用碎掉的玻璃把靜脈血管割破，讓鮮血滴進孩子的嘴裡。

等大家終於找到他們時，母親只剩下一絲氣息。看到前來救援的人，母親虛弱地笑了一下，將嬰兒交到別人的手上，就昏了過去，再也沒有醒來。嬰兒以響亮的啼哭歌頌著母愛的偉大。

母愛是偉大的，為了孩子，她可以不顧一切的付出，甚至是她自己的生命……

在這種母愛的支撐下，母親富有超常的堅韌和犧牲精神。這種超常的精神和意志，是人類得以繁衍、進步、純潔的原動力。

二〇〇八年五月的汶川大地震，奪去了許多生命，很多人承受了失去親人的痛苦。看著災區生離死別的場面，聽著撕心裂肺的哭聲，每一個正常人都會為其動容。短短一瞬，多少人從此生死訣別。

而災區之外的人們又會有何感想？有些人會想到災禍無情，想到如何更好地救災，想到如何開展災後重建。是的，這些正是大家最關心的。然而，在天災過後，你的腦中是否會有一個強烈的想法，那就是——善待親人。

那些在地震中倖存的人，可能之前還在因為一件微不足道的小事和家人爭吵，他們可能說了很多讓對方傷心的話；也可能與家人產生了誤會而懶得去解釋。然而面對親人的突然離去，他們已經沒有機會向對方解釋什麼了。

他們可能正在懊悔，早知現在，有什麼可爭的，又有什麼不好說的呢？他們沒想到，一生中最親的家人竟是在爭吵誤會中生離死別的。

那些在地震中倖存的人，可能有一段時間沒去看望自己的父母了。他們可能工作確實很忙，也確實很累，於是總想著，等不忙了就去看看父母。可就是這個念頭，讓他們再也沒有機會看到這個世上最關心他們、最疼愛他們的人了。此時，他們或許才意識到，他們犯了多麼不可饒恕的錯誤。

其實對於生者如此，對於逝者又何嘗不是呢？他們當中又有多少人是抱著對親人的遺憾和愧疚而離開這個世界的呢？我們是不是應該捫心自問，平時是否因為忙於工作、忙於應酬、忙於幫助別人，而忽視了對親人的關心和照顧，忽視了親人給予我們的關懷和關注，忽視了親人向我們提出的期望和要求。

不要一切皆無可能之時再想到這些。我們要從現在開始就在意親人的每一個要求，感受來自親人的每一份關愛，我們要抓緊時間做想為親人做的每一件事情。

善待對方，不要讓愛擱淺

愛情的偉大在於兩個人能在簡單平淡的生活中相守到老，愛情的寬容則是能善待愛自己的人。不少愛情故事的分分合合，終究還是會因為曾經愛過，藕斷絲連，時不時地想知道對方生活得怎樣了……

但無論如何，都請每個愛人或者被人愛的人保持良好心態，善待愛自己的人，才是最真實的善待自己。千萬不要將受過傷的怨氣發洩在身邊的人身上，不要總認為親人最親最近，永遠不會失去，所以輕忽，不知重視。等想要珍惜時，可能已經晚了。

有一對情侶，女孩很漂亮，非常善解人意，偶爾會出一些壞點子來耍耍男孩。男孩很聰明，也很懂事，幽默感很強，總能在兩人相處中找到可以逗女孩發笑的方式。女孩很喜歡男孩這種樂天派的個性。

他們相處得一直都很不錯，女孩對男孩的感覺淡淡的，說男孩像自己的親人。男孩對女孩的愛很深，非常在乎她，所以每當吵架的時候，男孩都會說是自己不好，即使有時候真的錯不在他，他也會這麼說，因為他不想讓女孩生氣。

就這樣過了五年，男孩仍然像當初一樣非常愛女孩。在一個週末，女孩出門辦事，男孩本來打算去找她，但一聽說女孩有事，便打消了這個念頭。他在家裡待了一天，也沒有聯繫女孩，他覺得女孩有事要忙，自己不好再去打擾她。

誰知女孩在忙的時候，還想著男孩，可是一天沒有接到男孩的消息，她很生氣，覺得男孩不在乎她。晚上回家後，她發了簡訊給男孩，因為正在氣頭上，話說得很重，甚至提到了分手。當時是晚上十二點。

這時，男孩心急如焚，連續打了三次女孩的手機，但對方都給掛斷了。打家裡電話也沒人接，他猜想女孩是故意不接。於是他抓起衣服就出門了，他要去女孩家。當時是晚上十二點二十五分。

女孩在十二點四十分的時候又接到了男孩的電話，是用手機打來的，但她又掛斷了。

之後，男孩也沒有再給女孩打電話。

第二天，女孩接到男孩母親的電話，電話那邊聲淚俱下：男孩昨晚出了車禍。警方說是車速過快來不急剎車，撞到了一輛壞在半路的大貨車。等救護車趕到時，人已經不行了。

女孩心痛到哭不出來，可是再後悔也沒有用了。她只能從點滴的回憶中，懷念男孩帶給她的歡樂和幸福。女孩強忍悲痛來到了事故現場，她想看看男孩待過的最後的地方。車已經撞得面目全非，完全不成樣子。方向盤上，儀錶板上，都沾有男孩的血跡。

男孩的母親把男孩當時身上的遺物給了女孩，錢包、手錶，還有那支沾滿男孩鮮血的手機。女孩翻開錢包，裡面有她的照片，但已被血漬浸透了大半張。當女孩拿起男孩的手錶時赫然發現，手錶的指針停在十二點三十五分附近。

女孩瞬間明白了，男孩在出事後還用最後一絲力氣給她打電話，而她卻因為還在賭氣沒有接。男孩再也沒有力氣去撥第二通電話了，他帶著對女孩的無限眷戀和內疚走了。

女孩永遠不知道，男孩想和她說的最後一句話是什麼。女孩也明白，不會再有人比這個男孩更愛她了！

生命中有一種東西是不能恣意消費的，那就是——感情。我們要學會愛自己，愛別人，別讓愛成為愛人的負擔，別讓愛成為哀傷的愛。

愛，需要表達；愛，需要包容；愛，需要理解；愛，需要珍惜；愛，最需要用美好來詮釋。

善待所愛的人，如同善待自己。因為今世的緣分，說不定就是我們前世苦苦求來的！善待愛人，善待自己，今世的善緣才會成為我們今生幸福的源泉。

大膽說出你的愛

如果給你一個機會表達，你想許下什麼樣的諾言？
如果給你一個機會表達，你想說什麼樣的愛情宣言？
如果給你一個機會表達，你想宣洩什麼樣的愛情感觸？

勇於表白內心的感情

如果喜歡一個人，那麼一定要說出來，千萬不要埋在心裡，苦了自己。喜歡不是什麼壞事，雖然說出來需要一定的勇氣，但是不說出來，對方怎能知道我們的心意呢？

一位開計程車的年輕人，愛著一位同樣開計程車的小姐，可是，他一直鼓不起勇氣去表白……後來，開計程車的小姐嫁給了別人。失望之下，年輕人娶了一位他根本不愛的人當自己的終身伴侶。

若干年之後，他們各自駕駛著計程車，在路邊等人搭車時不期而遇。這時他講起了年輕時對她的愛慕，並十分肯定地表示她根本就不會愛自己，因為在他看來，她從來就沒有注意過自己……

那小姐卻說：「你又沒有表白過，怎麼知道我不愛你呢？」

他吃了一驚：「妳是說……妳也曾經愛過我？」

小姐笑著說：「雖然我當時並沒有愛上你，但是，我對你也有好感，感情可以慢慢發展嘛。」

然而，這一切都太晚了！兩輛計程車分道揚鑣了……

大聲地、勇敢地去表白，不要在意對方的表態如何，因為我們都有喜歡的權利，沒必要在意成敗與否。我們喜歡他（她），讓他（她）知道，那都是我們的權利，不要受到限制。

而且說出我們的愛，又有什麼呢？大不了是一張紙、一句話、一個簡訊，一通電話的簡單事，又不會缺胳膊少腿的，畏懼什麼呢？

如果遇到喜歡的人，想得到真愛的話，那就大膽地去追，去表白吧，不要因錯過而後悔莫及。

失去理智的誘惑

愛情很美好，婚姻很神聖。很多時候，我們守住了愛情，卻未必能保住婚姻。

誘惑是婚姻最大的敵人

婚姻就像一個國家，兩個人不光要用心營造、謀求共同的發展進步，還需要共同經歷磨難，抗拒各種大災大難，更重要的是，在和平時期要抗拒各種誘惑。如果遇到困難，兩人可能會同甘共苦一起走過，可是在甜蜜的誘惑面前，往往會掉以輕心，而這些誘惑，才是真正崩潰婚姻堤壩的白蟻。

愛情裡也有誘惑，但被誘惑的愛情解體後，可以繼續，而婚姻解體後，雖然也可以繼續，可是受傷的已經不是兩個人，它牽扯的太多。因為婚姻是一個家庭，家庭關聯的不是簡單的兩個人。

因而，對於婚姻，我們需要更多的關注與投入。可惜，在一個誘惑無處不在的社會裡，我們缺少足夠的時間和思考，甚至還有無人看守的空城局面，讓我們自己釀下苦果。

愛斯基摩人捕獵狼的辦法很特別，也很有效。嚴冬季節，他們在鋒利的刀刃塗上一層新鮮的動物血。等血凍住後，他們再往上塗第二層，再讓血凍住，然後再塗……如此反復，很快地刀刃就被凍血藏得嚴嚴實實了。

下一步，愛斯基摩人把被血包裹住的尖刀反插在地上，刀把結實地紮在地裡，刀尖朝上。當狼順著血腥味找到這樣的尖刀時，牠們會興奮地舔食刀上新鮮的凍血。融化的血液散發出強烈的氣味。在血腥味的刺激下，牠們會越舔越快，越舔越用力。狼這時已經嗜血如狂，猛舔刀鋒，根本感覺不到舌頭被刀鋒劃開的疼痛。

在北極寒冷的夜晚裡，狼完全不知道牠正在舔食的其實是自己的鮮血。牠只是變得更加貪婪，舌頭抽動得更快，血流得也更多，直到最後精疲力竭地倒在雪地上。

令人失去理智的，是外界的誘惑；而最終耗盡一個人精力的，卻往往是自己的貪欲。

伴隨著人類社會的發展進步和思想觀念的不斷更新；生活水準的逐步提高和生存環境的不斷變化，我們的周圍開始彌漫著撲朔迷離的五顏六色。

曾看到過這樣一句話：「男人無所謂背叛，只因背叛的砝碼不夠；女人無所謂勾引，只因勾引的程度不夠。」人本來就有許多的欲望，貪念使自己落入凡塵。

大部分的人都會鄙視一些出軌的愛情。但是，當我們真正面對誘惑時，心卻在猶豫，會不由自主地向陷阱一步步地靠近。於是，我們的心也在懷疑：我到底怎麼了？為什麼面對誘惑會心動呢？為什麼我也會將當初的誓言忘得一乾二淨呢？

其實，這就是人的劣根性。亞當和夏娃面對欲望之蛇的勾引，照樣沒有逃脫自己的貪念，從而使自己落入凡塵，變成一個俗人來接受世俗的洗禮。

而我們也是一樣，當我們嘲笑著別人的放縱，忍耐著自己的虛偽，卻不知自己心裡也有一個欲望的鬼時刻壓抑著我們的心，恨不能也去狠狠地放縱一回，只是道德和倫理使我們望而卻步。

可以說，婚姻最大的敵人，往往是可怕的誘惑。很多時候，我們都經不住那樣的誘惑，直到失去了婚姻，才發現是因為我們自己過於放縱，才讓我們放棄了看守的職責，以至婚姻迷失了方向，墜入深淵。

婚姻的底線並不牢固，很多誘惑都可以將其破壞掉。但只要用心看守，讓其永遠在我們的視線內，他（她）就不會走遠。

面對誘惑該怎麼辦

外遇，是在夫妻或戀人之外，又有了新的男女之情。背叛，是愛情的毒藥。人區別於其他動物的主要標誌是思想，人是感情動物，情感比肉體更重要。情感出軌，不管肉體有沒有出軌，都意味著已經變心，意味著愛情的消逝，意味著同床異夢的開始。

維持這樣一種狀態，不僅是對無辜一方的傷害，對於情感出軌者來說，也是一種痛苦和折磨。

對於複雜微妙的情感世界，世人之所以會有「滿園春色關不住」的雅觀說法，或許就是因為這個充滿變數的紛雜世界多變、多彩、多元的特性，給予人性的彩色誘惑，實在是太多太多了。

其實無論男人也好，女人也罷，一般說來，一旦走進婚姻的小屋，彼此對其他異性的情感渴求和擁有欲望，相對的就會告一段落，在心理上，會不由自主地產生一種自然的歸屬感。

女人帶著孩子出門旅遊去了，留下了男人一個人在家。女人不在家，男人喝著啤酒，不停地換著電視頻道。這時，女孩的電話打來了，她說：「我閒著沒事，到你家坐坐吧。」男人說：「這……不行，我正要出去。」女孩其實已經在男人家的樓下了。

女孩是男人的下屬，曾多次對他表示好感，都被男人巧妙地拒絕了。男人知道，年輕女孩的心是一張空白的紙，他沒有資格在上面留下任何墨跡。

女孩手裡提著很多東西，還有一瓶紅酒，站在了男人的家門口。男人說：「那我下廚吧。」女孩說：「不用。」便在廚房裡忙碌起來。男人忙不迭地收拾屋子，他偶然看見女孩忙碌的背影，突然有了一種感動。就那麼一會兒，他立即將這種片刻的感覺壓在了心底。

在另一間房間裡，他開始打電話約熟悉的朋友來家裡吃飯，可是朋友們都有事。過了一會兒，女孩已經在喊他了，他到廚房後猛地愣了，女孩端給他的是一盤熱騰騰的餃子。他最愛吃餃子了，可是，平時他和女人都太忙，沒有時間包餃子。

兩盤餃子、幾碟小菜、一瓶紅酒，女孩臉上柔柔的笑，攪動了他的心。說不清為什麼，他在女孩不注意的時候，關掉了手機，拉上了陽台的窗簾。他能聽到自己心跳的聲音。

一瓶紅酒喝完了，女孩說頭暈，就軟綿綿地倒在了男人懷裡。男人承認女孩是美麗的，他緊緊地把她抱在懷裡，也就在那一刻，他才感覺到女孩的身體是那樣的弱小，在他寬闊的肩膀裡像個孩子似的睡著了，像他的女兒，他的心猛地一顫。

女孩在他的床上睡去了，他輕輕地帶上門。這時，客廳的電話響了，是女人和孩子打來的。

男人仍然喝著啤酒，不停地換著頻道，他分明聽到了女孩輕微的呼吸聲，但是，他努力讓自己的心冷靜、再冷靜。

女孩醒來的時候已經是第二天早上。男人一夜未眠。男人為女孩準備了早餐。吃飯的時候，女孩問：「你不喜歡我嗎？」男人說：「喜歡。」「那你不寂寞嗎？」「有點，可是……」「怕我糾纏你？」女孩不停的發問。

男人認真地說：「生活是一種責任，就像這碗稀飯和煎蛋，儘管老吃覺得沒有什麼味道，可是你每天還得做、還得吃，有時甚至覺得它難吃，可是不吃心裡空蕩蕩的。」

女孩沉默了。送走了女孩，男人覺得有一種從未有過的輕鬆。

愛是一種誠信，是需要付出代價的，如果不愛，或無法承受，那麼就別輕易地將自己的心打開。如果僅僅為了浪漫和幻想去品嘗愛，不僅不會幸福，還會被愛以死亡威脅，只有帶著責任和義務去品嘗愛，愛情才會完美展現她的無窮魅力。

第二章

愛，經不起等待，也經不住傷害

生命有限，如果你不警醒，愛就會流走……

很多時候，愛經不起等待，也經不住傷害。人總是在擁有時不知道珍惜，等到失去以後，才感覺倍加珍貴。親情也往往不會等我們醒悟時還依然存在，所以，不要讓這種感歎出現在我們的生活中，好好珍惜我們現在所擁有的。

愛情會在等待中降溫

有多少愛，可以重來，有多少人，值得等待？
愛情的潮水，一旦噴湧而泄，是無法回頭的。

愛情不再需要轉移

人的一輩子，不要因為某些人或是某些原因而去改變自己的想法與做法，做就要做真實的自己，真正的自己，獨一無二的自己。不要為任何事而把自己給弄丟了，也不要為那些不值得等待的人去等待。

因為，有多少人真的值得我們去等待呢？如果幸運的話，也許可以等來他（她）的回應，如果不幸運呢？不就讓時間流逝在歲月的洪流中了嗎？那不僅僅是時間，還是我們的生命啊！真的有人值得我們去付出生命嗎？這世界上，有這樣資格的人簡直是太少了。所以不要做無謂的犧牲，只有把自己交給自己才是最可靠、最放心的。

有一部名叫《愛情呼叫轉移》的電影，內容大致如下：

一個叫徐朗的男人沒有走過七年之癢，在厭倦了妻子的炸醬麵、電視劇的一成不變後，提出了離婚。走出家門後，他遇到了一位天使，天使給了他一個神奇的手機，每按一個鍵，就會按照他的想法邂逅一個女人，於是……

他遇到了一個浪漫的女人，但她只想為自己肚子裡的孩子找一個父親。

他遇到了一個能幹的員警，但她卻因為他離過婚而選擇離開了他。

他想要一個High的人，但能玩能鬧的她最終將他送進了醫院。

他期望一個懂男人的女人，可卻因為這個女人太瞭解男人而讓他跑掉。

他成功地讓一個女強人愛上自己，卻無意中感受到了她和她前夫在床上的運動。

他又見到一個有愛心的女人，卻因為她愛自己的寵物勝過自己，而再次以失敗告終。

最後他又邂逅了一個知性的女人，可沒有闖過一連串的選擇題和咄咄逼人的推理。

他終於知道還是自己原來的太太最適合自己，可是當他回到家裡想把這件事情說給她聽的時候，卻發現，自己的家裡出現了一位懂得欣賞前妻炸醬麵的男人……

男人和女人一樣，都渴望生命中的另一半是個兼具理性與感性的人，尋尋覓覓了一大圈之後才發現，其實，自己想要的很簡單。

愛情是需要忠誠面對的。在我們千方百計獲得自己所愛之人的芳心時，我們應該珍惜，心存感激，因為這份愛來之不易。她把她的青春，她的一切都奉獻出來，作為男人能夠拿什麼來回報呢？一心一意對待這個女孩吧，給她滿足感其實也是在給自己幸福感。

別讓愛情在等待中衰老

大仲馬說：「人生就是不斷的等待和希望。」等待即是整個生命，有時候是盲目的，有時候是清醒的。有些希望也許這輩子都實現不了，於是生命在等待中難免還有失望。

女孩和男孩是青梅竹馬，但他們的愛情並不一帆風順。原因是從小到大，男孩一直認為女孩對於自己的縱容和依賴都只是喜歡，與愛無關。

於是，男孩無視女孩的存在，也不在意她的喜怒哀樂，放縱著自己的任性，一次次傷害女孩，一次次任女孩的心像花瓣一樣飄零在風中。

那一天，是女孩的生日，男孩不顧女孩的苦苦哀求，沒有出席她的Party。其實他也沒有什麼大事，只不過是為了看一場自己並不喜歡，當然也說不上精彩的球賽。可是，當他看到半場的時候，忽然莫名地感到一種心悸，不知道是哪根神經刺痛了他，他突然意識到女孩在他的生命裡似乎比較重要。

於是，他衝下樓去，發瘋般地穿過大街，向女孩舉行Party的地方奔去。然而，一切都遲了。女孩的生日Party已曲終人散，而女孩也在傷心絕望之餘來了個華麗的轉身。男孩看到她和一個風度翩翩、氣質不俗的男人上了一輛車，絕塵而去。

男孩掏出手機，拚命地撥打女孩的電話，無一例外地被告知：您所撥打的電話沒有回應。男孩頹然地坐到了地上，往事一幕幕湧上心頭。大街上不知從哪個店裡不失時機地傳出一首老歌：認識你原以為會有結果，愛上你也曾想一生執著，離開你心還是無處可躲，再見時卻無話可說……

後來，男孩也試圖去尋找女孩的蹤跡，可是上天卻像故意和他開玩笑一樣，讓他一直無法再打聽到女孩的消息，直到她出國的前夜，在他的百般哀求下，女孩答應再見他一面。

那天，女孩對男孩說，青春的愛戀更多的是一種激情，它如洪水般猛烈，卻又似洪水般無情，當它一次次無法通過夢想的港口時，積聚到一定的程度便會決堤而出。

女孩還告訴男孩，對於未來，她也不確定，不知道自己究竟要流向哪裡，但她不準備回頭，因為，愛情的潮水，一旦噴湧而泄，是無法回頭的。在目送女孩遠去的背影時，男孩突然明白，一個人，是不能讓愛情的潮水守候太久的。

多角戀愛多痛苦

退出，你為他（她）付出了那麼多，放棄談何容易！然而，不放手，你又能得到什麼呢？他（她）心裡根本就沒有你的存在，到最後，你還是輸了。

不要碰觸多角戀愛

我們生活在一個五彩斑斕的世界，在這個世界裡不光有著美麗的風景，同樣也有著不同個性、不同氣質、不同人格魅力的人。

在漫漫的人生旅途當中，我們會相識相遇很多的人，不同的人身上有著不同的魅力。欣賞、喜歡和愛成了我們最難把握的尺度。於是，不可避免地出現多角戀愛。

看過電影《畫皮》的人都知道，它講述的就是一個典型多角戀情的淒美故事。

秦漢年間，都尉王生率王家軍在西域與沙匪激戰中救回一絕色女子，並帶回江都王府。不料此女乃「九霄美狐」小唯披人皮所變。其皮必須用人心養護，故小唯的隱形助手——一隻沙漠蜥蜴修成的妖怪，每隔幾天便殺人取心供奉小唯，以表對小唯的愛意，江都城因此陷入一片恐慌中。

小唯因王家軍首領王生勇猛英俊而對其萌生愛意，並不停用妖術誘惑王生，想取代王生妻子佩容的地位。

後來，佩容發現了小唯愛戀自己的丈夫，也發現了小唯的真面目，小唯便以王生的性命相脅，逼死佩容，王生傷心之餘，也跟著佩容走了。

小唯見自己得不到王生的愛，心痛不已，最後以自己千年的修行為代價，救回王生和佩容。

故事到這裡，就已經結束了我們不禁心生感慨：雖然成全了王生和佩容，但小唯還是沒和最愛的人廝守在一起，並以失去了自己千年的修行作為代價。

我們再回過頭來，想一想現實生活當中，哪有這種多角戀情，誰會對自己所付出的疼痛代價一笑而過？沒有一個人可以對自己所付出的代價釋懷。所以多角戀情的渾水可真是蹚不得，弄不好的話，害了別人不說，還會傷了自己！

好好把握自己的愛情

當愛情來了，就要好好把握，謀事在人，成事在天，這叫隨緣可遇；當愛情沒來，自己創造機會、製造機會來把握愛情，這叫愛情可求。

相信自己：愛情是可遇，又可求的。

愛需要寬容和理解

愛的分量太重了，往往當我們愛的時候卻沒有能力去承擔那份愛，等到失去以後才追悔不已，可是一切都已經太遲了。希望所有的人都能好好把握自己現在擁有的愛情。也許很多人一生只會遇到一次真愛，可是能把握住這份愛的人卻是那麼的少之又少。

兄弟兩人娶了一對姊妹，哥哥娶了姊姊，弟弟娶了妹妹。婚後不久，姊妹倆便鼓勵自己的丈夫出去賺錢。外出打工的第一天，哥哥掙回五百元，他的妻子高興得又蹦又跳，直誇自己的丈夫能幹。而同樣掙回五百元的弟弟卻被妻子狠狠地指責了一頓，罵他比哥哥強壯，掙回的錢卻和哥哥一樣多。

第二天，兄弟倆又出去打工。這一天，他們分別掙回一千元。然而，回到家裡之後，兄弟兩人的境遇迴然不同。哥哥得到的仍是妻子熱情的鼓勵，而弟弟再次遭到了妻子的冷遇。

日子久了，哥哥變得越來越快樂，越來越自信，夫妻越來越恩愛，家庭越來越和睦。而弟弟在妻子的咒罵聲中變得鬱鬱寡歡，家中整日硝煙不斷。終於有一天，弟弟再也無法忍受妻子的指責和謾罵，主動和她離了婚。

男人是需要鼓勵的。殘酷的現實，充滿激烈競爭的社會，在人們的下意識裡給男人們制定了一條英雄標準線。線上的男人是成功的，而線下的……

於是，線下的男人拼死命要往線上趕，而線上的怕有朝一日會被人擠出了線，為保存現有的水準或仍想有所超越而強撐疲憊不已的身心，縱然憔悴不堪，在外人面前仍要做個強者。

有時候，因為沒有耐心，輸給了自信，因為沒有勇氣，輸給了時間，因為沒有寬容理解，失去了愛。不要讓愛情擱淺，不要讓情感停歇。我們要好好把握身邊的愛情，小心呵護愛情的花朵，盡情地演繹愛的真諦，好好珍惜現在所擁有的一切吧！

適時把愛情拉回來

愛情，永遠是被人討論最多的話題。人們對愛情的討論也是千奇百怪，無奇不有。當我們深入地瞭解之後會發現，千百年來的愛情，內容其實都大同小異。

想要控制對方，又希望自己能享受絕大的自由，這是愛情的霸道，也是愛情的盲點。愛，不是犧牲，也不是占有。愛就像風箏一樣，你要給它飛翔的自由，也要懂得適時把它拉回來。

李妍和王剛是在工廠認識的，李妍去看她的父親，王剛是她父親的下屬，一個基層的生產線作業員。她年輕貌美，他憨厚老實，偏偏她喜歡憨厚老實，而他喜歡她的美貌。兩人從戀愛到結婚，過程一帆風順，很像人們說的「天賜良緣」。

結婚頭兩年的時間，他和她「男主外，女主內」，日子過得有滋有味。後來，李妍心疼他整日在工廠工作太辛苦，讓他去考在職專班繼續念書，他很爭氣地考上了。從此，小倆口的生活擔子全壓在她一個人身上。辛苦可想而知，但是她覺得臉上有光，吃點苦算不了什麼。

他們日子最苦的時候，飯桌上只有兩顆饅頭和一碗清淡的玉米粥，她說

「你喝」，他說「妳喝」。讓來讓去，大半碗的玉米粥，還是歸王剛喝了。

每次他喝完跟她說一句「好喝」，她那不化妝的臉上便有幸福的光芒蕩漾開來。那時，他是她心裡最大的幸福，誰都看得出來，誰都相信他和她會一直幸福下去的。

終於，他們渡過了最艱苦的歲月，他畢業後，她想苦盡甘來了。王剛是個很進取的男人，努力工作爭取老闆賞識，後來一路升上工廠的副廠長，應酬多了，身邊的女人自然也多了，開始回家怎麼看妻子都覺得不順眼。

女人是敏感的，李妍覺察到了，她是一個不善於言表的女人，因此，她並沒有對他說什麼。

有一天，王剛看上外面漂亮的女人，回家對她說：「我們離婚吧，妳看妳有什麼條件。」她聽後愣了一下，眼淚湧上了眼眶，但她強忍著沒讓它落下來，因為她知道有一些事是不能強求的。

李妍對他點了一下頭說：「我同意離婚，但是在離婚之前，我想再給你做一碗玉米粥。」他沒有反對。

玉米粥很快就做好端了上來，像從前一樣，她和他在飯桌前對坐著，她說：「喝吧。」王剛拿起湯匙喝了第一口玉米粥，很清淡的感覺，他莫名地想起了從前他們相依為命的那些日子。

李妍又說：「多喝點。」他已經喝下半碗的玉米粥了，很熟悉的感覺，暖暖的，在他心窩不停繞著。她說：「快喝，涼了就不好喝了。」王剛碗裡的玉米粥只剩下一匙了。

他忽然覺得妻子就是自己的玉米粥，不比山珍海味，但是它養身。他在喝下最後一口玉米粥時，眼裡流出了淚水。王剛知道，這是她的關心，是她一直不變的關心，最終，王剛沒有離開她，李妍知道，她成功了，她留住了他們的幸福。

有的愛情可以天長地久，有的愛情也許會在一瞬間化為烏有。所以，當愛情來臨時，我們要好好珍惜和把握。在愛情的故事裡，願我們都成為主人公，時刻感受愛的真諦，愛不需要海誓山盟，不需要高格的要求，只要默默守候屬於自己的那份快樂和感動，就足矣！

不要讓愛我們的人失望

愛與恨只是一瞬間的事，但它們所造成的結果卻全然不同。

愛有多深恨有多深

當我們愛一個人愛到很深很深的時候，我們會非常重視對方的一言一行。當對方傷害到我們時，就會非常恨他，即使不是什麼大的過錯，可能這個過錯對別人來說並不算什麼，但是對深愛他的人來說就是致命的一擊！這就是「愛之深恨之切」。

陳偉和徐琳愛情長跑了好幾年，最近就要牽手步入禮堂了，結婚的準備一切就緒，連新房也準備好了，就等著舉行婚禮。

誰知婚禮的前幾天，陳偉突然對徐琳說：「我配不上妳，我想重新開始生活，我們分手吧。」徐琳無法接受這樣的現實，她挽留陳偉，懇求陳偉，將所有的好話說盡，將所有的自尊丟棄，但是陳偉仍然選擇離開。

經過多方瞭解，徐琳才知道，陳偉在他們相愛的時候，同時愛上了他的同事。最終，他選擇了新歡放棄了舊愛。這就是他們分手的原因。

當徐琳知道事情的真相後，無法控制自己憤怒的情緒，去了陳偉的家，大鬧了一場，將「他們的新房」砸了個稀里嘩啦，撕碎了她為陳偉精心編織的毛衣，剪爛了她為陳偉買的皮包，最後將他家的鑰匙扔在陳偉的面前。

接著，徐琳又去了陳偉的公司，找上他的主管。她的目的只有一個——你不讓我好過，我也不讓你好過！那段時間，徐琳像瘋了一樣，腦子裡想的全都是怎樣懲罰、怎樣報復陳偉。

徐琳無心工作，看見熟識的人就訴說自己的遭遇，如同祥林嫂一般。當然，這樣做的後果只有一個：他們彼此互相仇恨。

這件事雖然已經過去多年，流逝的時光掩蓋了舊日的傷口，但那仍然是心中永遠的痛。徐琳從來沒有後悔過當初愛情消失後對陳偉的所作所為。

人應當堂堂正正，不能輕浮，不能動不動就來一個「愛」字，要三思而後行。既然從自己嘴裡蹦出了一個「愛」字，就要對「愛」負責。愛沒有無緣無故，恨同樣也沒有無緣無故。對「愛」字，要惜「愛」如金，免得招來橫禍，因為很多時候「愛有多深恨有多深」。

為了親人的期望而努力

人這一輩子追求的就是快樂，自己的快樂，家人的快樂。

「望子成龍，盼女成鳳」是天下有責任心和愛心的父母們的心願，尤其是在這個知識爆炸、資訊瞬息萬變的二十一世紀，都希望下一代強於自己，出類拔萃，能以高學歷、高水準立足於這個競爭激烈的社會。

父母對孩子的愛是不求回報的，正是因為這種愛是無私的，所以我們更應該珍惜。

在一個小山村裡，有一個女孩沒考上大學，便跑去當小學生的家教。由於講不清數學題，不到一周就被學生家長轟走。

母親為她擦了擦眼淚，安慰說：「滿肚子的東西，有人倒得出來，有人倒不出來，沒必要為這個傷心，也許有更適合妳的事情等著妳去做。」

後來，她又隨村裡的夥伴一起外出打工。不幸的是，她又被老闆轟了回來，原因是剪裁衣服的時候，手腳太慢了，品質也過不了關。母親對女兒說：「手腳總是有快有慢，別人已經做很多年了，而妳一直在念書，怎麼快得了？」

女兒先後當過紡織工、市場管理員、會計……但無一例外，都半途而廢。然而，每次女兒沮喪地回來時，母親總是安慰她，從沒有抱怨。

三十歲時，女兒憑著一點語言天賦，做了聾啞學校的輔導員。後來，她開了一家身障人士用品店。再後來，她在許多城市開辦了連鎖店，她已經是一個擁有幾千萬資產的老闆了。

有一天，功成名就的女兒湊到已經年邁的母親面前，她想得到一個一直以來想知道的答案。那就是前些年她連連失敗，連自己都覺得前途渺茫的時候，是什麼原因讓母親對她那麼有信心呢？

母親的回答很簡單，她說：「一塊地，不適合種麥子，可以試試種豆子；豆子長不好的話，可以種瓜果；如果瓜果也不濟的話，撒上一些蕎麥種子一定能夠開花。因為一塊地，總有一粒種子適合它，也終會有屬於它的一片收成。」

聽完母親的話，女兒哭了。她明白了，實際上，母親恆久不絕的信念和愛，就是一粒堅韌的種子；她的奇跡，就是這粒種子執著而生長出的奇跡。

父母為我們操勞了一輩子，我們能為他們做些什麼？捫心自問，我們做子女的該怎麼回報？其實做父母的不圖什麼，他們只希望自己的孩子生活得好一些，他們只有這小小的要求。

因此，不要讓愛我們的人失望，一定要為了親人的期望而努力。

愛要及時

樹欲靜而風不止，子欲養而親不待。身為子女的我們要懂得報答養育我們的父母。也許我們終生都難以賺取足夠報答父母恩情的金錢，但這並不影響我們及時地回報自己的父母。

人性的選擇

小時候生病了，是爸爸媽媽帶我們穿過馬路去看醫生；打針哭了，他們會哄著；每次遇到困難，都是他們替我們解圍。

漸漸地，他們的頭髮花白了，心也累了。當他們生病了，走不動了，我們會不會攙扶著他們穿過大馬路去看醫生？當他們辦事能力低了，容易犯錯了，我們能不能不生他們的氣？

百善孝為先，爸爸媽媽都老了，而我們長大了，但是不能忘了他們對我們的養育之恩，他們從來都不求回報地為我們付出著。現在我們長大了，應該照顧他們了，不要說自己的事業還不夠好，還不能給他們更好的生活條件，不能讓他們住高樓大廈。爸爸媽媽不需要這些，他們想要的是我們兒女的愛，這不是金錢能夠換來的。

房子再壞、生活條件再差，他們也不會因此而責怪我們，不要等到我們連照顧的機會都沒有的時候，才想起來我們還沒有關心過他們。趁著現在的大好時光，好好地孝敬父母吧！

阿翔出生在一個偏遠的農村，從小他就很努力地念書。考上了大學後，為了他的學費及生活費，務農的父母日出而作日暮而歸，老父親的白內障因為沒錢治療而幾乎看不清楚東西。

阿翔也很用功地學習，大學畢業後又跟著拿到了碩士、博士學位。光明的前景在他面前，優秀的男人當然有女生搶著要，一個副校長的千金就愛上了他，嬌媚的筱嵐讓阿翔覺得生活很是滿足。

可是，當筱嵐知道阿翔的家境不好時，就不太高興了。副校長利用某些關係讓阿翔有一份很好的工作，年薪百萬以上，並把女兒嫁給了他。筱嵐跟他約法三章：不能說他家窮，只能說自己的父母是學校的老師；不能與農村的家再有任何聯繫；不准家鄉的親戚朋友來他們位在都會區的豪宅探訪。

看著眼前如花似錦的一切，阿翔答應了。結婚的宴席上，來來往往的全是女方的親朋好友。阿翔有種想哭的衝動，從此以後，他只敢偷偷地寄錢回家，但都不會超過一萬元。他怕家裡人以為他生活好了，來投靠他。

就這樣，一直等到兩年之後，阿翔才告訴父母他結婚了。高興得失眠的母親在昏暗的燈下，一針一針地縫著小孫子的小衣服小褲子。幾天後，阿翔收到老家寄來的包裹，有二十來斤。他很難想像瘦小的母親怎麼把它們拿到離家有一段距離的郵局去寄，尤其是老家連一台腳踏車都沒有。

誰知筱嵐用兩根指頭捏著小衣服，直嚷嚷著叫他扔出去，說有跳蚤。他想打她，忍了很久。結果，那包衣服的歸宿還是垃圾桶。

後來，他們有了兒子，兒子滿周歲的那天，家裡來了很多人。寬敞的豪宅內人聲鼎沸，他忙裡忙外地招呼著。突然也有一刻想到老父親，這時社區的警衛在對講機裡說有人找，他以為是客人，興沖沖地迎了出來。

來的人，是他鄉下老家的父母。阿翔在離開老家很多年以後，才又看見了他的父母。外面下著很大的雨，兩老的頭髮都在滴著水。他愣住了，呆在門口不知所措。筱嵐看他半天沒進來，也出來看。

那時阿翔的臉色用文字根本無法描述。引兩老進門後，見老父親粘著泥的鞋一踩上光潔的地板就吱吱作響，他只有把他們帶到廚房，然後給一臉不解的賓客解釋說是找錯了人的老人。

筱嵐不斷叫他趕快把人帶走，再加上阿翔沒辦法對滿屋的老總、老教授總之是一些有頭有臉的人，解釋說那是他的雙親。

此時，老父親的眼睛已經完全失明了，大醫院的醫生說是耽誤了時間，如果早幾年治療一定不會失明的。看著那雙完全混濁的眼睛，阿翔覺得不是滋味。

兩個星期後，一直住在旅館的兩老終於明白了，兒子不可能接他們同住。至於他的妻子，從那天匆匆見過一面後就再沒露過臉。老母親心痛地想起，兒子總說要帶他們去看看大城市，結果……看著老伴的雙眸，她說：「我們住不慣這裡，我們回家。」

時隔三個月，阿翔終於以一次出差的名義回到老家，鄰里鄉親都來湊熱鬧。從鄉親們的言談裡，他知道，那次父母去找他，是把田地送給了別人種，把豬賣了，完完全全是想去他那裡安度晚年。

父母回到農村還對鄉親說，兒子對他們很好，不要他們走，但是他們住不習慣，想老家的人，還給大夥帶了很多的禮物。之後他們的生活便是：老父親摸摸索索的在家做飯，手上常有未癒的傷口；七十多歲的老母親還在田地為一頓溫飽而苦苦掙扎，做一會兒就直起身來捶捶自己的腰。

走的時候，阿翔給了老父親兩萬塊錢，要老父親放好，以後有困難的時候就拿出來應急。

他知道，他作為兒子的身分已完全死亡。

其實，隨著他做兒子的身分死亡的同時，死亡的也是他做人的身分。兩萬塊是很多錢嗎，竟能買斷一個人的靈魂？還是他的靈魂本就沒有了價值？他遭遇的其實不是尷尬，而是人性的選擇！

在父母的有生之年，我們應多陪陪老人，讓他們從內心感受到親情和溫暖。大限之期，我們給自己少一點遺憾和失落，給父母多一點關愛和照顧，這就是「孝」。

及時回報父母所給予你的愛

「老吾老以及人之老，幼吾幼以及人之幼。」在別人看來，孟子說這番話的時候，家中一定還有高堂父母，不然怎麼會為父母的年齡而產生如此恐懼？其實，孟子說這番話的時候，已是父母雙亡。

孟子很不幸，他三歲喪父，與母親相依為命。在他二十歲那一年，奉母命完婚。兩年後，孟子的母親去世。這對孟子來說，無疑是巨大的打擊。可失去雙親的孟子，依然堅定信心，走向人生正途。

家中沒有年邁的高堂，孟子為何還能發出這番感慨？因為他切身感受到了「子欲養而親不待」的悲痛。所以，他勸家有父母的子女們，一定要在父母活著的時候，多盡一份孝心。不要等到父母離開時，留下終生的遺憾。

失去親人的痛，只有親身經歷過才能體會到底有多痛，即使時間飛逝，那種揪心的感覺仍會撕扯著我們的五臟六腑。

立明的母親阿芳十二歲那年不小心摔斷了右腿，又碰上一個庸醫，不但沒能治好，還落下了終身殘疾。成年後，身體很瘦小單薄，加上鼻子眼睛長得不是很端正，大家都叫她「醜女」。在別人的撮合下，與立明出身不好的父親結了婚。

立明的出生讓阿芳感到非常高興，一天到晚抱著立明在村子裡走來走去，因此，大家又改口揶揄她為「醜娘」。可在孩提時代，立明絲毫不覺得她醜，倒認為她是天底下最好的媽媽。

立明是在八歲那時知道母親長得醜的。一天，隔壁趙家打死了阿芳養的一隻大母雞，母雞是阿芳準備給立明交學費用的。阿芳很生氣，就上前論理，趙家的女主人根本就沒把阿芳放在眼裡，冷笑著說：「妳這個醜八怪、瘸腿婆，也不照照鏡子看看自己長個什麼模樣！」

阿芳招架不住，一屁股坐在地上哭叫起來，結果又招來一陣哄然大笑。立明覺得很沒面子，仔細打量母親，最後哭著跑開了。

自從那件事以後，立明對母親就不再像以前那樣親近了，她要來摟抱立明，他就像泥鰍似的躲走，她去市場買菜，立明也不再跟著去。立明向母親抱怨她怎麼長得這麼醜，讓自己也跟著丟人。

在外面，立明只說自己的父親，從來不說母親，路上碰見她，就遠遠地躲開，實在躲不了，就埋著頭跑過去。為了不讓別人知道自己有一個「醜娘」，立明還特意讓父親把他送到較遠的學校上學。

最終，「醜娘」的事還是讓同學知道了。那天放學，正好阿芳有事到學校附近，有同學大叫：「快看，那就是立明的媽媽！」立明趕緊說：「亂講，她才不是我媽，我媽去親戚家了。」

那同學說：「如果她不是你媽，你敢不敢學她的模樣走幾步路？」萬般無奈之下，立明只好學著母親的模樣一瘸一拐地走了幾步。阿芳扭過頭正好看到，身子猛地一抖，急匆匆地走開了。

那件事，立明把阿芳的心給傷透了，她回到家裡眼睛都哭腫了。這件事被立明的父親知道了，把立明吊起來狠狠地揍了一頓，後來，立明也找了一個機會，把當初那個出餿主意的同學給狠狠地揍了一頓。

事實上，立明這樣對母親，心裡也很難過。但不管怎麼說，他還是不能接受母親既醜又瘸的樣子。

十八歲那年，立明考上了大學，離開了家，離開了「醜娘」。離家的頭一天夜裡，阿芳流了一夜的淚。在外求學的四年裡，立明只回家兩次，畢業前，他又回來了一次。這次，阿芳顯得特別的傷感，身體也不像以前那樣硬朗了。

臨走前，立明突然感覺到自己是那麼的孤單無助，也對母親充滿了愧疚之情，他伸手輕抱了阿芳一下，叫了一聲：「媽——」

工作後，立明三年都沒有回過家，忙只是一個藉口。每次收到父親寫來的信，得知母親身體一日不如一日，他都要哭一場。第四年交了個女朋友，帶著她回家探親。行前，立明給家裡撥了一通電話。

可當立明他們回到家時，只有父親一人，父親說前兩天母親到表嬸家去了。立明馬上打電話給表嬸，表嬸說沒見她來。握著電話，立明的淚水如開了閘門的河水一樣嘩嘩地往下淌。他知道，母親是在躲他，她怕她的醜、她的瘸讓他丟臉……

結婚後，立明不知多少次想讓爸媽來家裡住一陣子，父親來了幾次，母親卻一次都沒有來，立明知道母親傷透的心是一時暖不過來的。

六年前的秋天，阿芳去世了。立明趕回去時，她已經穿戴上壽衣。立明跪在母親的面前，摸著她的臉撕心裂肺地叫：「媽，媽……」

阿芳知道自己醜，所以從沒有照過相，活了一輩子，連一張照片都沒有。每想到此，立明就心痛難忍。

天堂是我們永遠無法承受的愛的終結。生活中有太多這樣的例子，小時候不懂事，長大懂事後，又不懂得珍惜，把父母的付出看成天經地義，等到有一天失去時，才明白自己失去的，是最愛自己又經常被自己忽略的人，徒留悔恨。

然而，時光不能倒流，後悔毫無用處，除了讓自己更加悲傷和痛苦外，並不能將已逝的父母喚回來，重新侍奉。

「子女應該及時地孝敬父母，並回報父母所給予你的愛。」英國前首相布萊爾的話，值得大家深思並實踐。

第三章

避免婚姻傷害

談戀愛時如膠似漆，一旦結了婚，感覺淡了，相處倦了，傷害就不可避免地出現了。難道婚姻真的是愛情的墳墓？隨著時間的推移，家庭生活中的種種矛盾會慢慢浮出水面，成為雙方無法回避、不可避免並且必須要面對的問題。其實，改變並沒有多壞，只有死水才停滯。

誰是婚姻的受傷者？

在一場你情我願的婚姻中，忠誠代表著對這場婚姻的負責，代表著對愛情的承諾，代表著對約定的尊重。但是，當愛人背叛的時候，作為受傷者，各自的反應卻不一樣。

都是「閃電結婚」惹的禍

「閃電結婚」，打破了傳統婚姻的平衡：一邊是感情急劇上翹，一邊是時間極度下壓，婚姻的天平顫顫悠悠，過熱的愛情冷得快，這不僅非常容易引發離婚，還容易造成心理傷害，留下後遺症。

在同一間公司工作的小玲和小剛，原本只是普通的同事關係，且在不同的部門工作。由於工作需要，小剛被派到台中去，沒想到身處異地的兩人，卻通過網路和電話的「親密接觸」成為了戀人，並在「網戀」一個月後閃電結婚，但因身處兩個城市，兩人婚前實際在一起相處的時間並不多。

結婚沒過幾個月，雙方就提出離婚，理由是性格不合。「根本沒想到對方原來是這樣的。」這是兩人異口同聲的心裡話。女方責怪男方襪子一星期也不肯洗一次，實在換不出了，就到一堆髒襪子裡去挑一雙；男方說婚前女孩開朗活潑，婚後卻成了一個怨婦……彼此都對對方無法容忍，最終決定離婚。

小玲說：「如果沒結婚，或許我們能成為好朋友，因為非常談得來，而現在如果有人在我們面前再提到對方，我們都會惡言相向，跟仇人似的。」

婚後遭遇「陌生人」

李俐亞的婚姻持續了一年，離婚的原因是遭遇「家庭暴力」。

一年多前，當她第一眼看到前夫王博的時候，就動心了。王博是她喜歡的那種男人——高大、儒雅，而且事業有成。王博快四十歲了，離過婚，還帶著孩子。他們的戀愛遭到父母的反對，父母不放心那樣一個男人，但她認定了非王博不嫁。

相識不到半年，父母終究拗不過她，為她舉辦了婚禮，很風光也很隆重。婚後，李俐亞一心一意地想做個好妻子，她愛老公，遠勝過父母。

誰知後來她慢慢發現，除了她，王博還和別的女人保持著很親密的聯繫。為此，她的眼淚狂流不止。她去找丈夫理論，王博就開始打她，打得很厲害。後來李俐亞才知道，王博當年離婚的原因就是家庭暴力……

婚姻生活中，兩人的感情和戀愛時的激情是完全不同的，而閃電結婚恰恰忽略了這一點。兩個人要走入婚姻，需要從物質、心理、生理等多方面做好準備，需要對對方的家庭情況、精神及身體健康狀況等資訊有所瞭解，而閃電結婚完全缺乏理性，較難短時間掌握應有的資訊，這顯然為日後的婚姻生活設置了許多不可知的障礙。

雖然兩個人相識多長時間才適合結婚並無定論，但一般情況下，至少應該相處一年到兩年的時間，才能夠讓雙方有足夠的瞭解。因此，婚姻還需三思而後行。

失去理智的女人

一場沒有愛情的婚姻，應該是失敗的，但是，失敗的婚姻除了造就無數破碎的感情外，還可能會造就一個失去理智的人。

有時候婚姻是甜的，就像婚宴上的奶油蛋糕；有時候婚姻是鹹的，就像第一次夫妻吵架後妻子臉上的淚珠。

清秀可人的小希在結婚後，把所有少女時代的美好幻想都灌注在她的婚姻裡。她深愛著丈夫，也深愛著家庭，她努力地想要過得幸福。只是她忽視了一點，丈夫不愛她，又或者丈夫曾經是愛過她的，只是，愛完了就不想再愛了。

於是，小希的言行舉止慢慢地有些改變。

她最初的行為只是常常一個人坐在家裡，想念結婚前的美好，她回憶自己當初的勇氣，敢於和丈夫的家人來爭奪這場愛情，只是，爭到手的時候，卻發現拚命搶來的只是一個軀殼，他的心遊走在單身的世界裡。

漸漸地，小希開始覺得自己受夠了被冷落的委屈，她不想再一味地沉默和忍受家裡無盡的黑暗和清冷，她開始和自己生氣，生氣自己的逆來順受和自己的沉默寡言，她想引起丈夫的注意，至少讓他明白，她還在他的世界裡喘息。

可是，她的改變並沒有引起丈夫的注意，她開始慢慢地、一點一點地爆發，開始嘮叨丈夫的衣飾不雅，嘮叨丈夫的吃相不美，甚至在丈夫說話的時候，沒來由地指責他太吵。面對諸般的挑剔，丈夫始終在忍耐。

只是，她忘記了任何人的忍耐都是有限的，忘記了這點，就等於忘記了她實際上已經不能再有的幸福。於是，丈夫為了躲避她無休止的嘮叨，越來越少回家，盡可能地減少與她相處的時間。

小希不想或者是說根本就沒有意識去反思自己的錯誤，而是添加了新的毛病，開始生出很重的疑心，常常對出門在外的丈夫猜測連連，想到他可能去賭錢，可能去喝酒，甚至很可能去玩女人。

為此，她更加氣憤，這種情緒發展到一定程度就變成了恨意。她開始給丈夫發簡訊，說些心口不一的惡毒話，在丈夫偶爾回家的日子裡，抓緊一切時間冷嘲熱諷。

這些行為導致的直接惡果，就是丈夫對她充滿了厭惡，於是更少回家。

時間久了，當她變得難得安靜的時候，除了歇斯底里地站在家裡朝著一切她能發怒的東西洩憤外，已經沒有其他事情好做了。

越來越多「獨守空閨」的日子過去後，小希已經完全失去理智，她每天所能做的就是默然地呆坐，或者猛然的、猝不及防的爆發，然後就是徹底的發狂，面目猙獰。

一段失敗的婚姻，造就了一個失去理智的女人。

有的時候，或者因為寂寞，或者因為許多的無奈，我們的愛情會游離原本溫馨的港灣。因為好奇，有的時候我們會在某個地方駐足，也會在某個十字路口不經意地拐彎。可是，在我們轉身的那一瞬間，請用心感受一下，聽聽身後的愛情哀哀地哭泣聲。

婚姻是人生的縮影，如果太舒適、太平坦，就不能成為縮影了。

承認婚姻可能會出軌這個事實，但前提是盡量不要讓它出軌。

接受愛情會死亡的事實，但盡可能不要讓自己的愛情死亡。即使傷心，即使傷痛在所難免，也不要因為一方的冷漠或者背叛，就沒有了理智，放棄了修補。很多時候，我們無奈；很多時候，我們能做到的，只有「瓦全」。

寬恕對方其實也就是放過自己，這樣心中才會永遠有愛和被愛的希望。

不要用冷暴力對待對方

曾經美滿的婚姻為何矛盾不斷？夫妻雙方的需求為何總是得不到滿足呢？

家庭冷戰，其實不是一個人的錯

婚姻就像一條河，有平靜，有波濤，也有暗流。夫妻「冷暴力」就是婚姻河的一條暗流，常使家庭這條船觸礁。

「冷暴力」作為一種隱性的暴力形式，給夫妻雙方的傷害往往比顯性暴力更大。肉體上的創傷可以治療，心靈上的創傷卻難以癒合，甚至還會造成精神疾苦。

建至和婉怡之間沒有第三者，可建至就是不願意和婉怡說話。那時，她還不知道這是家庭冷暴力，他也不喜歡「暴力」這個詞語，聽上去有點太誇張了。

兒子住學校宿舍，按理說他們應該有充分的空間和時間重溫兩人世界的感覺，可他卻對她越來越冷漠。剛開始，婉怡幾乎想盡了所有的辦法，對丈夫陪笑臉，說好聽的話，哄著他，可他仍舊是一張冷臉，最多不鹹不淡地應付幾句。

見軟的不行，婉怡就來硬的，故意找機會藉著小事和他吵，甚至故意說很重的話想激怒他，不過建至仍然是一句話也不說，倒頭就睡。

同處一間空蕩蕩的房子，這個男人吃著她燒的飯菜，穿著她洗的衣服，睡在她的身邊，卻不和她說話，她真的拿他一點辦法都沒有。她甚至跟他說他們去看看心理醫生吧，再這樣下去，至少有個人要變成神經病！

一次半夜裡，婉怡又為這事和丈夫鬧。見他仍然無動於衷，想想日子過得真沒意思，她就衝到陽台上，想跳下去算了。她聽見兒子勸他爸爸，可他卻對兒子說：「我瞭解你媽媽的脾氣，她就是這麼一種人，鬧的時候比誰都凶，實際比誰都膽小，她根本不可能真跳。」

兒子氣急了，扔下一句話：「你們乾脆離婚吧！」

婉怡以為日子真要這麼「冷」下去，誰知建至病倒了，住進了醫院。都說人在生病的時候最脆弱也好，說患難見真情也罷，反正他們又開始像最初那樣一點點地彼此靠近。

後來建至的病好了，他們的家庭生活也恢復了常態，像所有平凡的夫妻那樣，有說、有笑、有商量，當然也有吵鬧。這對婉怡來說，已經很不錯了。她真的沒有想到，丈夫的一場大病，讓他又回到自己身邊。她忽然明白：家庭冷戰，其實不是一個人的錯。

古人愛用「夫妻本是同命鳥，病苦來時相扶持」來形容「家」的重要。

所以，夫妻雙方應該和睦相處。預防夫妻「冷暴力」，需要夫妻雙方在婚姻生活中相互讓步，共同努力。

融化夫妻「冷暴力」

婚姻是一張畫紙，掌握這張畫紙的就是夫妻兩人，是在上面畫龍點睛，還是畫蛇添足，全看兩個人的興趣和修養。

如果夫妻雙方共同努力，心往一處想，勁往一處使，水往一處流，有相同的構思，有精緻的筆墨，有和諧的色彩，一起規劃美好的未來，那麼婚姻這張圖就會越來越精緻，越來越美麗。

當夫妻倆唇槍舌劍吵得不可開交時，如果有人能先道歉，說上幾句幽默調皮話，往往會使爭吵戛然而止，甚至暗自竊笑。幽默是夫妻矛盾的緩衝劑，雖然不能解決矛盾，但可以化干戈為玉帛，是緩解衝突的微妙之方。

有一對小夫妻為一點小事爭吵，各自認為對方無理，互不相讓，以致互不理睬。三天過去，仍互不說話，誰都不想先開口，他們覺得先開口就等於承認自己的軟弱，而且對方可能得寸進尺；但夫妻本來就無利害衝突，心裡都希望和好的。

這時候，如果有朋友來勸解一下，那兩人和好就容易一些，遺憾的是，別人不知道他們在互相生氣，而他們也不想讓別人知道，家醜不可外揚嘛！

這時，妻子突然心生一計，她拉開衣櫥，翻了一陣又關上，又往書桌抽屜東翻西找……最後滿屋子都找遍了，也沒見她找到什麼東西，丈夫納悶，就問她，妻子佯裝生氣：「找你的聲音！」丈夫忍不住笑了起來，兩人和好如初。

現實生活中，愛情的烈火常常將兩個不同個性的男女融在一起。那麼，該怎樣對待夫妻間的個性差異？

1.改變自己

夫妻個性不同，有時雖然會引起矛盾，並非必有糾紛。有不少性格截然不同的夫妻，就相處得十分和諧。只要調適得當，便能做到性格相異而互補。同時，還要注意改變自己性格及習慣中的某些缺點。比如性子暴躁、動輒發火或性子太慢、辦事拖泥帶水等。

因為改變自己總比改變別人容易得多，如丈夫愛吃大蒜、辣椒等重口味食物，妻子不必要求他改吃清淡的食物，乾脆自己也吃一點。在生活的愛好及習慣上適當遷就對方，不僅可以消除許多摩擦，還能促進夫妻關係和睦。

2.避免衝突

以溫柔的聲調批評，因為溫和的聲調有利於心理溝通，能夠消除抗拒心理；當一方發火時，另一方要冷靜，這樣可以防止火上澆油，避免矛盾激化；凡事忍讓寬容，不要揭對方的短處或提對方的錯事，放過別人，其實也是放過自己。

爭論時不要拍桌打凳或高聲叫喊。每天最少跟對方講一句友愛的話，若是做了錯事，一定要記得請求對方原諒；千萬不要在心情不佳或雙方爭執不下的時候，斷然做出任何決定。

等事態平緩之後，再心平氣和地去處理，因為一氣之下所做的決定，多半會有遺憾；對方情緒不好時，我們應理解，這不過是暫時的，過後便會沒事了。

3.寬容對方

西方有句諺語：「結婚前睜大你的雙眼，結婚後閉上一隻眼。」意思就是要容忍對方。一個人的個性具有很強的穩定性，所謂：「江山易改，本性難移。」我們常常看到有些夫妻竭力想改變對方，使對方的性格、愛好和自己趨於一致，結果總是事與願違，不但不能改變對方，還加大雙方心理上的距離。

面對差異，理智的選擇是容忍。妻子脾氣急躁，丈夫就應以柔克剛；丈夫是個球迷，一遇上電視播放球賽便「廢寢忘食」，妻子也不可因自己不感興趣而對丈夫橫加指責。夫妻相處中的這種寬容，可以緩解生活矛盾，深化愛情。

寂寞不是婚姻的致命傷

每個人都有自己的生活方式，無論我們怎樣排遣寂寞，都不要忘了自己的身分和責任。永遠也不要去背叛自己的愛，給所有人一個永遠幸福的機會！

愛是需要付出代價的

能耐得住寂寞的女人，不失為一個好妻子、好母親。

慧心會在丈夫不在家的日子裡，把家整理得井井有條，只要丈夫一回到家，一定會看到她面帶微笑的站在門口迎接。她會因天氣轉涼，適時地為丈夫親手織一件厚實暖和的毛衣，一針一線都流淌著綿綿不盡的愛意。

兩人初識時，慧心十八歲，樂觀開朗，天真淳樸。阿和二十四歲，不苟言笑，沉默而嚴肅，是家裡的長子，在工廠上班。

阿和比慧心大了六歲。在慧心眼裡，阿和就像個大哥哥。很快地，她便成了他的新娘。

婚後的日子充實而平淡。阿和早出晚歸，很少說話。慧心在有錢人家裡幫傭，閒暇的時候也種些菜。他們之間依舊保持著婚前的拘束和生澀。阿和從來沒有對慧心笑過，甚至沒牽過她的手。

一年又一年過去了，慧心為丈夫生了四個孩子。然而，阿和依舊過著早出晚歸的日子。他和妻子之間似乎沒有更多的話語，除了生活還是生活。

與阿和婚後的十多年裡，慧心褪去了少女的羞澀，練就了女人的沉默。她不再幻想丈夫的溫柔，丈夫的深情，還有他從未說出口的愛。

歲月如梭。轉眼間，孩子們都長大了，阿和也退休了。然而，阿和還是很少笑，很少對妻子笑。慧心也早已習慣了他的冷漠。

多年的勞作使阿和中風了。倔強的他不甘做個廢人，時常拄著拐杖，哆嗦著上街。誰知更為不幸的事竟降臨在他身上，一輛急馳而過的汽車將他撞倒在地。從此，阿和永遠地癱在了床上，不能動彈。慧心默默地守在丈夫身邊，一步也未曾離開過。

漸漸地，阿和的大腦機能開始喪失，幾乎忘記了所有的事，甚至是說話。慧心再也聽不見丈夫的聲音了，而阿和也無法再和妻子說話了。他就這樣躺在床上，一天二十四小時，一年三百六十五天。

阿和整整躺了七年！儘管寂寞無奈，卻努力地生存著，絲毫未曾放棄過！阿和所忍受的是一種怎樣的痛苦，沒有人知道，也沒有人知道是怎樣的一種力量支持著他。而慧心，就這樣陪伴了丈夫七年，照顧了七年……

阿和走得很突然，沒有絲毫的預兆。除了那一雙噙滿淚水的眼睛。他緊緊地盯著妻子，淚水布滿了整個臉龐。他的眼神，那麼的溫柔，那麼的深情，又是那麼的無奈，那麼的歉疚。

一瞬間，他似乎記起了所有的事。他就這樣望著妻子……當最後一滴淚水滑落的時候，阿和停止了呼吸。慧心終於懂得了：丈夫的堅持是一種愛的守護，他的愛是一份默默的堅持。

半個世紀來，阿和第一次落淚，為妻子，卻也是最後的一次。慧心號啕大哭，她抱著丈夫，淚如雨下，淚水順著她的臉頰落在阿和的臉上，分不清是她的還是阿和的……

男人和女人，都不能放縱自己。生活中誰都有寂寞孤單的時候，這個時候要自己調適，或者找朋友坐坐、聊聊，或者找點事做做，不能覺得寂寞孤單，就對自己放鬆要求。

很多人由於生活的不順、寂寞與空虛，就把感情寄託在別人身上，這未嘗不是一種解脫的方式，然而能把握好分寸的又有幾個？愛是一種誠信，是需要付出代價的，誘惑和寂寞，本不是婚姻的致命傷。

寬容，避免雙方互相傷害

寂寞總是難免的，不成熟的人寂寞過後會更寂寞，成熟的人寂寞過後會更成熟。

不知從何時開始，婚姻像美麗的泡泡一樣在我們的身邊一一破裂，現代人的情感脆弱得不堪一擊，隨著人們對離婚當事人雙方態度的緩和寬容，婚姻中的人似乎越來越把持不住自己，紛紛逃向離婚的大道。

離婚難道真的能夠引導我們走向一串陽光燦爛的日子嗎？

錢鍾書先生道出了婚姻的真諦：城裡的人想逃出來，城外的人想衝進去。逃離婚姻的念頭，一是來自對城內的不滿，二是來自城外的誘惑。然而，對於移情別戀者來說，戀愛就像是疾病，婚姻則是最好的醫生。

城裡的人逃離之後，沒有誰能長久地游離於婚姻之外，外遇的結果還是婚姻。倘若我們有足夠的耐心與體貼善待第二次婚姻，那何不把這份熱情投入目前的生活中呢？

我們的配偶也許會有各種不足，但同時也兼有被我們熟視無睹的長處，其實很多時候，他（她）和我們的夢中情人並沒有什麼不同。

選擇了一個人就意味著選擇了一種生存方式，對對方的苛刻實際上是對自己的折磨。如果我們對婚姻一開始就做了最大的努力，相信對方也一定會從善如流。真正能使家庭充滿陽光的，正是我們自己的心靈和眼睛。

有一個故事很感人，說的是一對老夫妻，傍晚散步，途經他們曾住過的老屋，老先生談起他年輕時在這所房子裡曾有過的一段荒唐事。老太太拍著丈夫的手臂，寬容地笑了，然後兩個人又相依相扶地回家去了。

丈夫沒有因一時的感情迷惘而離家棄子，妻子也沒有因丈夫的一時糊塗而耿耿於懷，反而心存寬恕，以一個聰明妻子的豁達，重新贏得了丈夫的尊重與愛意。

真愛也許並不等於無瑕，真愛也不是一時的絢爛，而是長久的相守，終身的不棄。那一種寬恕，那一種持久，才是真正成熟了的感情，真正成熟了的婚姻。

愛情是兩個人之間的對視，婚姻則是並肩向同一個方向眺望。離婚永遠都是最壞的選擇，既然命運把我們連在一起，就讓我們把挑剔的目光從對方的身上移開吧，更多的時候，我們應該朝向那燦爛的未來。

偷嘴的蜜糖變成致命的毒藥

「為什麼別人的愛情是美好的，我的卻如此苦澀？」愛情為何會苦澀？因為其中的一些人，選擇了偏離「道德軌道」的另類感情。

愛情變質，味道就會變酸

儘管在個性充分張揚的時代，人們對「出軌」者有了充分的理解，少了過分的譴責，但是社會規範依然存在。「出軌」與「規範」間，矛盾尖銳，衝突激烈，這樣的愛情，怎能不苦澀？

就像我們在人生道路上會不斷地遇到各種各樣的坎坷和誘惑一樣，婚姻如人生。而婚外情就像婚姻中的毒品，會讓人如醉如痴，飄飄欲仙，但它對婚姻的傷害就和毒品對人的傷害一樣，多數是致命的。

某雜誌對幾百個白領男女做調查，得出81%的人承認在婚姻中有過精神出軌或與異性關係曖昧，37%的人坦誠有過一次到N次的身體出軌，包括同居。通常最能把偷情合理化的是所謂的愛——「我愛上他了，我無能為力。」把偷情掩飾在愛的外衣下，只是本能欲望的一種遊戲，這種遊戲回避深層的自我譴責。

林垣在一家公司的技術部門工作，一次前往某城市深造，進修了一年半。期間，認識了一位紅顏知己，從此，聯絡不斷，後被結髮妻子發現，兩個人因此爭吵不休。

林垣與妻子是國中時的同學，可謂青梅竹馬，郎才女貌，曾一度是眾人羨慕的模範夫妻。

林垣很勤奮，在事業上略有成就。夫妻間恩恩愛愛，如漆似膠，常常可以看到兩人出雙入對的身影。他對妻子的愛，有目共睹，妻子對他的情，山高海深。兩人很年輕時就結婚，如今女兒已經十三歲了。

這樣幸福的家庭，在別人眼裡真是完美之作！或許，林垣在家庭與事業上都太順了，他的情與欲迅猛增長。他的妻子愛他太深了，或許是他的魅力太大了，漂亮美麗的妻子深深為他的出軌而不能容忍，於是在他與客戶飲酒歸來之後，為他注射了安定劑，然後用繩子勒死了他……

無論是在現實生活中，還是在虛擬的網路中，總能看到那些因情愛產生的怨恨爭吵甚至謾罵的現象。曾經關係很親密的兩個朋友，最後鬧得如同仇敵；曾經很恩愛的一對情侶，最後弄得如同陌生人。

看著這讓人哀痛的場面、聽著那尖酸刻薄的言語、想著那曾經不平凡的真摯友情及愛情，不禁為之惋惜，為之哀歎。一旦愛情變質，味道就會變酸，只留下一道道傷口。

追求「真愛」的後果

在我們還信仰著愛情，信仰著「執子之手，與子偕老」時，即使婚姻平淡如水，但礙於輿論和社會的壓力，我們不敢輕舉妄動。可現在不同了，同情第三者、同情出軌的人越來越多，這種不負責任的行為被冠上一個高尚的理由——追求真愛。

有某個科學家用生物學理論研究出一個結果，說是人類愛情的保鮮期限最多為十八個月，過了這十八個月，再美好的愛情也會轉化為親情或者淡漠了。或許正是老祖宗很早以前就知道人類有這種喜新厭舊的本質，才會發明婚姻這種制度來約束人類的行為吧。

有一位三十多歲的女子，一次去外地開會，夜晚獨自在海灘上散步，遇到同是會議代表的男子，便駐足聊了起來。夜色中的他，看不大清長相，但那很有磁性的男中音讓她著迷，而且他談起會上的一些熱門話題，也很有見地，不知不覺兩人竟談到了深夜。第二天，他們又「不約而同」地來到了海邊。

待她回家面對丈夫時，情感變了。以前她覺得丈夫身上那種淡淡的菸味很好聞，現在卻覺得難以忍受；丈夫的牙齒是黃色的，不雅觀；丈夫的聲音是嘶啞的，不好聽……總之一百個不稱心。

她心煩起來，就想給那位男友打電話，聽到那充滿磁性的男中音，她頓時感到陶醉、幸福。

前幾天男友打來電話，說他春節可能會來找她，這讓她的心瞬間亂了起來，她渴望見他，又怕丈夫知道。一邊是親人般的丈夫，難以割捨；一邊是心儀的男人，難以忘懷。矛盾衝突，讓她產生了焦慮情緒。

現在的人責任感已經越來越少，忽略責任感的人更重視的是自我感覺。說話用「我們」這個稱謂的人越來越少，總強調「我」的感受的人越來越多。正因為更加強調自我，人們才會忽視家庭、忽視責任吧。

也正是因為沒有太多的責任感，才會有那麼多人追求新鮮和刺激。於是出軌和出軌的後果這一系列問題也就撲面而來。姑且不討論出軌是對還是錯，究其原因，說到底可能就是「不滿足」。

男人不滿足只鍾情於一個女人，女人又嫌另一半給的愛太少。也許出軌不一定非得改變現有的生活，只是想看看外面的世界是什麼樣子，但誰又能保證出軌後可以再原路返回呢？

如果只是一味貪歡，結果賠了夫人又折兵，這出軌的風險也實在是太高了點兒。

美好的生活中，存在著許多有待發現的幸福和快樂，要相信真實的美麗就存在於自己真實的生活之中。假如一個異性就是一座山，那麼我們應該明白，那山自有那山的美麗，這山也有這山的嫵媚，它們可以彼此相互補充、相互襯托，卻很難彼此相互重合、相互取代。

這山望著那山高的人，一生除了在虛無的夢幻裡盲目追求、疲於奔波之外，永遠不會真正得到自己夢想擁有的東西。

追求一種純棉質的婚姻

如果給你一個選擇衣服布料的機會，在麻、棉、紗、絲這幾種布料裡，你會選擇哪種？大部分的人會選擇棉，因為它最舒服。

純棉，是一種布料，穿在身上，肌膚的感覺是柔軟、舒適、貼身。那麼，純棉愛情則是對完美愛情的期待，完美婚姻則是一種對婚姻的渴求。

換種方式體會婚姻

有許多人說婚姻是愛情的墳墓，這點我們暫且不論，但婚姻確實是家裡長家裡短的日子，是所有柴米油鹽醬醋茶的拼接。

換言之，就是婚姻是需要每一個人用足夠的耐心和細心經營出來的，就好像是養了一株花，總得去施施肥。然而，在繁瑣複雜的日子裡，又有幾個人能夠有足夠的心思、足夠的恆心來培育這株花？又有多少人是心有餘而力不足呢？

因此，要學會換種方式去體會婚姻。換個角度看婚姻，我們會發現：婚姻不過就是一種生活方式而已。

如果有幸彼此認同理解且能融合各自的生活習慣，就已經是天大的幸福了，否則就是一場曠日持久的習慣融合拉鋸戰。戰爭總是殘酷的，有犧牲有傷害當然也有投降有妥協，結果是有人學會了寬容忍讓，有人學會了放棄。

曾經有這麼一隻狐狸，牠看到了一個葡萄園裡結滿了果實，可是牠太胖了，根本就鑽不進柵欄。於是牠開始三天三夜不飲不食，使自己的身體漸漸地消瘦下去。這可真是一隻「聰明」的狐狸。終於，牠能夠鑽進柵欄了。

到了柵欄裡面，牠不停地吃，一直到牙酸肚皮圓，吃得厭煩了，這才發現自己鑽進來卻出不去了。那牠只好故技重施，又三天三夜不飲不食。結果出來了沒錯，但肚子還是跟進去時一樣。

那麼，我們也可以這樣看待婚姻：圍城裡的人拚命想出來，圍城外的人又特別想衝進去，彷彿這隻狐狸，我們不停地得到、失去，結果卻發現自己仍然是回到了最初的起點。其實，得到還是失去，就在於我們怎樣去看待。

這樣說來，婚姻不過也就是一種生活方式，它就是平凡日子的累積。既然是在合適的時間遇到了合適的人，既然是選擇了這個人，那就盡量去融合接納彼此的個性，能夠做到「求同存異」已是不簡單。想想曾經有過的激情和等待，有時候否認現在也就是否認過去，否認曾經一起走過的日子。

狐狸的故事告訴我們：在婚姻裡，千萬不要患得患失，總是這山望著那山高。不要整天忙忙碌碌好像那隻狐狸，結果什麼也沒有得到，要學會盡可能開心地活著，過一種簡簡單單的生活並用心感悟。

純棉婚姻

純棉，是一種布料，質地柔軟舒適。純棉婚姻則是對婚姻的一種渴求。日子總會有無盡的長夜，那麼，婚姻就是長夜的內衣，日子就是家的肌膚。所以，有的時候，我們會發現它很皺，一點兒也不好看，但這正是與肌膚相親的結果。

其實，在純棉的婚姻裡，我們不僅體會得到婚姻帶給我們的溫馨、快樂，更能體會到純棉婚姻給我們帶來的舒適和愜意。

中國有一部熱門電視劇《中國式離婚》，劇中主角宋建平婚姻失敗，但這則婚姻裡沒有第三者，導致失敗的原因是——不信任、不知足。

像所有的愛情一樣，宋建平與老婆林小楓的戀愛也是充滿浪漫和甜蜜的，他在向東北和娟子兩次談到這段感情時，都是在他們婚姻紅燈拚命亮起的時候，但觀眾依然可以從他跳躍的眼神中讀出那段感情的美好。可是愛情在更多時候經受不了時間和空間的摧殘。

在七年之癢的時候，林小楓因為不滿足現狀，以婚姻要脅，於是宋建平來到了私立醫院。這是一個自由的平臺，給了宋建平更大施展的空間，春風得意的男人讓家中的女人又產生了更多的不信任。

於是在一次次誤會中，這段婚姻逐漸瓦解。看似偶然，其實每一次誤會裡，都蘊涵著一種必然，一種對婚姻的不信任而導致的必然結果。就像林小楓最後說的那個寓言一樣：女人應該怎麼去珍惜婚姻？就像一把沙子，抓得越緊，沙子越會漏光，而把沙子很小心地握在手中，反而還是圓滿的。

從這裡我們完全可以看出，婚姻更多的是一種知足與信任。有這麼一個有趣的調查，說男人下班不回家，就是害怕妻子一回去就嘮叨：「你看誰誰誰，現在開著賓士，混得多好啊！你呢？只知道待在家裡。」

然而，嘮叨的妻子卻沒有想過，處在金字塔頂端的成功男人，真是少之又少！何必總是去要求對方，一昧地去改變對方呢？一旦改變，一旦忙得沒有回家的時間，急的又是妻子。

還有捕風捉影、打破沙鍋，最終收穫的是疲憊不堪、傷痕累累。明明彼此依然相愛，卻要用一紙離婚協議書來表達目前的感情狀態，這是怎樣的一種殘忍？

即使是幸福的婚姻，一生中也可能會有兩百次離婚的打算，和五十次掐死對方的想法。所以，當婚姻有了問題時，我們首先想到的是體貼婚姻自身的難處，而不是逼迫婚姻自殺。

這就需要我們明白：只有純棉婚姻才能讓我們得到長久的幸福。在生活中，無論生老病死，無論貧富男女，婚姻，是值得帶在手指上「炫耀」的事。同時，它也是幸福的枷鎖。

所以當我們在選擇婚姻的時候，就要準備接受這些枷鎖，然後才能享受婚姻中的幸福和安寧，才能使婚姻自由而不放縱，寬鬆而不無束。在婚姻中就會進退自如，遊刃有餘。

假如說，初戀是那粉紅的石榴裙，有的是熱情與青春；那麼婚姻就真的是那件純棉的白襯衫，洗淨鉛華，走過歲月，帶走的是轟轟烈烈的求生求死，留下的是執子之手、與子偕老。

這純棉的婚姻，不能給我們帶來如火的激情，但在每一個平淡如水的日子裡，它能給我們舒適與溫馨，最終它還能伴我們走過一生。

不要輕易地把「離婚」說出口

結了婚之後，那種新婚的新鮮感一過，婚姻生活就像是菜裡少放了鹽一般淡而無味，兩個人吵吵鬧鬧，感情裂縫也越來越大，你有點兒厭煩了這種生活，於是，很自然地就說：「我們離婚吧！」

■只有離了婚才能解脫嗎？

你們自由戀愛，彼此都深愛對方。熱戀當中的你們，恨不得就在那一時間和自己最愛的他（她）白頭偕老，永結同心。然後，你們懷著對未來最美好的憧憬牽手走過紅地毯。在朋友的祝福當中，你們幸福得像花兒一樣。

然而，時間久了，從前戀愛時候的花前月下的甜蜜已經結束，緊接而來的就是鍋碗瓢盆的變奏曲。在經過不停地磨合之後，彼此的缺點都在婚姻這座圍城裡暴露無遺。不是妻子嫌丈夫沒有事業心，不求上進，就是丈夫嫌妻子不夠溫柔也不夠體貼。

總之就是怎麼都說不到一塊兒，意見和分歧也越來越大。然而，令人意外的是，你們的意見有一天終於達成了一致，可結果是——離婚。

有一對結髮十年的夫妻，婚後生活總是吵吵鬧鬧的。妻子老是嚷著要同丈夫離婚，丈夫實在是拗不過她，雖然心裡有一百個不願意，但看著妻子堅定的目光，還是同意了。

他們去法院的路上，一路無語，誰也沒有多說一句話。這個時候，他們要去法院就必須經過一條寬闊但不深的河。丈夫說：「我背妳過河吧！」

妻子什麼話也沒有說，就伏在丈夫背上，一起過了河。

然而他們兩個沒走多遠，妻子便說：「算了吧！我們別離婚了，回家去吧！」

丈夫奇怪地問：「怎麼了？妳不是一直吵著要離婚的嗎？」妻子說：「如果我們真的離了婚，從法院回來的時候，誰背我過河呀！」

有的時候，就算是離了婚，又能怎麼樣，實質問題也未必能夠得到解決；有的時候，還有可能把問題弄得更加糟糕。俗話說：「十年修得同船渡，百年修得共枕眠。」在茫茫的人海中，兩個人能夠走到一起著實不易，有幸結為夫妻更是上輩子才修來的福分。

因此，沒有人有什麼理由可以隨意揮霍這份愛；也沒有人有什麼理由可以任意浪費這段情。

千萬不要愚蠢地以為離婚就是彼此最好的解脫。據統計，離婚者的平均壽命比正常人少3～5年，為什麼呢？因為他們在承受內心的煎熬！在傷害對方的同時，也在傷害著自己，對子女的傷害更是無法形容！一輩子都在打破了一家人幸福生活的內疚中譴責自己。

事實上，離婚是一件非常痛苦的選擇。千萬不可動不動就說離婚。如果真有了離婚的念頭，那就冷靜下來好好地問自己：當初那麼熾熱的愛去哪兒了？為什麼都不去想著彌補呢？很多婚姻並沒有死，只要還愛著對方，都是可以去爭取的。

假如你想要離婚，不妨也抱抱對方，抱一個月後再想離婚的事。

不可隨便說分手

如果你已經踏入婚姻的殿堂，應該非常慶幸終於有人願意陪你說話，伴你走路，與你吵嘴，和你嘔氣。要知道一個人走路，再美的風景，如果沒有人與你分享，也是一種蒼涼的美。

因此，不管你們在婚姻這座圍城裡有多少「苦水」可以倒出，都不要那麼不負責任地輕易把「離婚」兩字說出口。

我們知道，夫妻之間，最重要的是互相信任和彼此體貼。那麼結婚之後，他或者她都將是你這輩子最值得信任、最值得依賴的人。你們在未來的生活裡，還要相互扶持、相互關心、相互幫助。所以說，一定要學會珍惜這份來之不易的緣分，將你們的愛情進行到底。

董衡和孫娟打算離婚，因為他們都認為兩人在一起的日子，看來真的是徹底走到窮途末路了。於是，很快地，他們就把應該分的財產都分掉了……

那兩個孩子怎麼辦？畢竟孩子是董衡的至愛。他對孩子的愛甚至超過了對老婆的愛。此時，他沉默了，孫娟氣憤地瞟了他一眼，說：「分！兩個孩子一人領一個！」現在看來，夫妻兩人離婚，一人領一個孩子天經地義。

董衡表示：「兩個孩子，我全要了，不用分了！」

孫娟卻說：「每人各要一個，我要小女兒！你要大兒子！」

董衡再次重申：「兩個孩子，我全要了，不用分了！」

「不行，我要小女兒。」孫娟瞪著眼，強詞奪理地說。

「兒子女兒我都要，不用分了！」董衡急了，忙將兒女拉到他身邊。

孫娟氣衝衝過來將小女兒搶過去。

像拔河一樣，小女兒在中間被他們兩人拉來扯去，誰也決定不了勝負……

岳母很生氣地說：「既然孩子那麼重要，那麼你們為何要離婚呢？」孫娟聽到這話，一下子像經歷了霜打的葉子，蔫了下來，鬆開小女兒的手，獨自跑回早已搬空的大臥室裡，伏著梳妝台，哭聲震天。

分孩子的重要關鍵時刻，就因為岳母一句「既然孩子那麼重要，那麼你們為何要離婚呢」的話，比平時董衡孫娟所說的一百句「海枯石爛也永不變心」更有用，就這樣，夫婦倆重新和好。

一句話，一生愛，一世情。此後，他們即使偶有爭吵，也不敢輕易說離婚兩字。

既然能牽手走到一起，那就說明了兩個人有緣分，應該學會相互包容，相互理解，相互信任，相互關懷，不離不棄，用心去維護這得來不易的緣。

婚姻中的兩個人，有的時候更需要反省一下自己，千萬不可把不幸都歸咎在別人身上。性格即命運，很多時候是我們自己的自私和任性，葬送了原本屬於自己的幸福。

在你要選擇離婚之前，一定要好好地想一想，難道他（她）真的就一點也不值得留戀嗎？不要說他沒時間陪你，他正在為你們的家添磚加瓦；不要說她不再溫柔，因為她正在為孩子煩惱。大家不妨換個角度去看另一半，你會發覺對方在為愛你而努力。

婚姻就好比是花瓶，打碎容易，但要收拾好那些碎片，不是一件容易的事。所以，千萬不可把離婚掛在嘴邊。想一想自己的父母，想一想兩個人共同的未來，再想一想孩子，也許你就不會那麼隨意的把離婚兩字說出口。

珍惜擁有的今天，展望更加美好的明天。讓愛的雨露滋潤著我們的生活，幸福將永遠伴隨著我們一生。

找到彼此不同的情感需求

一些奇怪的見聞，讓你迫不及待地想要和他分享一下，可他卻不冷不熱，不怎麼專心地聽著，你會覺得他一點也不關心你在乎你；他喜歡看球賽，聽新聞，你卻喜歡看肥皂劇，聽音樂，他一味地看球賽，把你丟在一邊，讓你覺得他根本就沒把你放在心上；你買了一件新衣服，想在他面前展示一下，誰知道他看都不看一眼，毫無誠意地說：「漂亮！」這讓你覺得他一點也不懂你的心。

■你向東想，他向西想

很多時候，你和他總是有著截然不同的情感需求。但是，非常悲哀的是，很多人卻常常無視這樣一個事實。因此，誰也不清楚，怎樣恰當地給予對方自己的愛。

也就是說，他給予你的愛，只是他所需要的。而你給予他的愛，則是你所需要的。你們錯誤地以為，對方的需求和渴望，與自己心裡想的是完全一致的，由此導致的直接後果就是雙方皆無滿足感，彼此心生怨恨。

當你感到萬分痛苦和沮喪的時候，你只需要一個寬厚的肩膀，一個懂你的人耐心地傾聽你的心聲，而他卻在聽你訴苦的時候，分心做其他的事，更重要的是缺少必要的體諒和關心，這讓你根本就感覺不到他的愛。

當你拖著疲憊的身軀走進家門的時候，你只想一個人躺在床上好好地休息一會兒，但最愛的他偏不同意你就這樣抱著床與周公約會，說什麼也要拉著你一起去逛夜市，你一點也不情願去，結果兩人就這樣搞得不愉快。

吃過飯，兩人都坐在電視機前看電視，他習慣性地調到他愛看的球賽頻道上，你卻被韓劇感動得稀里嘩啦，你不明白的是：就那麼一個足球踢來踢去，有什麼可看的；而他想的是：就那麼一個肥皂劇，看來看去，就那麼一點劇情，有什麼可感動的。於是，你們的意見又不一致。

你有沒有從上面的例子當中找到你的影子？沒錯，這些瑣碎的小事情幾乎每天都會發生在每一個家庭裡面，因此，你和他之間的不同想法，馬上就凸顯出來。你不能確切地說，誰對誰錯，誰是誰非。因為站的角度不同，得出的答案當然也不會是一樣的。

所以說，他一直在向西想，你卻一直在向東想，你們兩個人的想法怎麼都想不到一塊兒，你非常鬱悶：我們最初的默契都跑到哪裡去了？為什麼現在會到了大家非要弄個你死我活、互不相讓的地步呢？你是無論如何也想不明白。

舉個比較簡單的例子來說，你深愛著他，就可能事無巨細，處處為對方著想，詢問他的大事小情和點滴感受。你以為，這樣就是盡到了責任。然而，過分的操心，只會讓深愛的人心煩意亂。

他覺得被你時刻控制，大有窒息之感，由此格外渴望獨處。這讓你惶惑不已，假使得到這樣的愛，你感激還來不及呢，他卻偏不領情；你盡可能地多關心他，對方卻似乎視而不見，你的煩惱可想而知！

一旦你和她或者他的想法不同，你就會深刻地感受到：你一再地給予，卻從未得到回報。愛，總是「付諸東流」，既不被重視，也不被接受，讓你們都難以忍受。事實上，你們錯在付出了愛，卻不是對方渴望的形式。

探求彼此不同的情感需求

你給予他（她）的，或者說是他（她）給予你的，都只是各自所渴望的愛，對對方意義不大。於是，你們的感情逐漸冷卻，愛情之火慢慢熄滅。

關心和理解，是他（她）基本的愛情需求。他（她）想當然地給予你過多的關心和理解，反而讓你產生錯覺，認為他（她）對你缺少信任。你需要他（她）的信任，對方的關心還在其次。

所以，對於他（她）的關心，你總是不以為然，也沒有感激。他（她）不瞭解真相，惶惑不安。同樣，你給予他（她）的愛，只是你中意的形式，他（她）不領情，也在情理之中。於是乎，你們都陷入愛的「怪圈」——辛苦了半天，卻沒有滿足對方的需要，不能不讓人感到遺憾和惋惜。

許瑩抱怨說：「我不可能一味地給予，卻永遠不見回報。我給了鄒鵬那麼多，他無知無覺，像沒看見一樣。我愛他，可他卻不愛我！」

鄒鵬顯然有自己的苦衷：「不管我做什麼，都很難得到她的歡心！我不知道還能怎麼做，我束手無策！我已經盡力而為了，可她仍不愛我。我愛她，而她不接受我的方式。」

許瑩和鄒鵬結婚七年了，卻不約而同地想要離婚。原因很簡單，他們都沒有感受到對方的愛。讓人哭笑不得的是，他們都抱怨說，自己付出的愛，遠遠超過得到的。

許瑩宣稱：她給丈夫的愛，多得數不清。鄒鵬卻說，他為妻子付出了一切！實際上，為了愛情和家庭，夫妻兩人都做出了犧牲。但是，他們的愛的方式，卻不是對方所需要的。

許瑩和鄒鵬的確是彼此相愛，也都很想滿足對方的願望，由於並不理解對方的愛情需求，所以，愛情從未真正開花結果。許瑩給鄒鵬的愛，是她心目中的愛的類型；而鄒鵬給許瑩的愛，則是他渴望的方式。兩個人筋疲力盡，卻一無所獲。

學會瞭解彼此不同的情感需求，是改善情感關係最重要的一個步驟。既然他（她）和你的性別不同，那麼也就意味著他（她）的基本情感需求和你有所區別，並不一致。你一再的付出，卻也常常忘記，他（她）需要的愛，其實也是別樣形式的。

同樣的，他（她）把注意力集中在他（她）的情感需求之上，也忽略了一個事實：他（她）心目中愛的方式，不見得適合你。

就這樣，婚姻關係越來越僵，許多人都容易選擇放棄。事實上，只有理解並滿足對方基本的愛情需求，感情才能深厚持久。換句話說，重要的不在於給得更多，而是選擇恰當的方式。只有這樣，愛情的火焰才能光芒四射！

第四章

莫讓感恩之心喪失在荒漠中

學會感恩，為自己所擁有的而感恩，為生活的贈予而感恩。

感恩生育你的人，因為他們使你體驗生命；感恩撫養你的人，因為他們使你不斷成長；感恩幫助你的人，因為他們使你渡過難關；感恩關懷你的人，因為他們給你溫暖；感恩鼓勵你的人，因為他們給你力量；感恩教育你的人，因為他們開化你的蒙昧；感恩鍾愛你的人，因為他們讓你體會愛情的寶貴；凡事感恩。

感恩才會幸福

媽媽打電話給你，天冷讓你多穿件衣服，你心裡想的卻是：真麻煩，媽媽怎麼變得這麼囉嗦……

和姊姊一起看電視，意見沒有達成一致，姊姊就主動調到你喜歡看的節目，你心裡想的卻是：她比我大，本來就應該讓著我！

今天打算出門逛街，發現天氣陰沉沉的，十分掃興，心裡不停地抱怨：真討厭，怎麼不是個好天氣呢？

是習慣讓你忘記了感謝嗎？

生活環境不同，造就了每一個人的性格和生活習慣都有所差異。然而，我們不應該有的差異卻是：應該學會感謝。可是，僅僅是一句習慣了，就把身邊親人和朋友的付出全部忽略，這可多少有點說不過去。

有的時候，我們不得不承認，習慣真是一件可怕的事情。別人常說，好的習慣可以決定一個人一生的命運。那麼，是不是也可以這麼說，壞的習慣也影響了一個人一生的命運呢？

在生活當中，總會有一些壞的習慣讓你漠視了家人的付出；讓你漠視了親人的給予；讓你漠視了生活的美好。

媽媽不厭其煩地提醒你：一個人在外面要多注意身體。同事羨慕地稱讚你有一位如此貼心的好母親，湊上去對你說：「你媽對你真好！你得好好謝謝她呢！」你隨口就講：「我媽就這樣，我早就已經習慣了！」

在家裡，你是最小的，哥哥姊姊總是主動把好吃的、好玩的、好用的都讓給你，儘管他們心裡不怎麼樂意。朋友都說：「你的哥哥姊姊對你真好，真羨慕你！」然而，你總是不以為然地說：「我早就已經習慣了！」

一直以來，你的生活總是順風又順水的。可是你卻不能讓天氣也順著你的意思來。於是，在你出門逛街的時候，天氣不好了，你就一直抱怨個不停：這鬼天氣，怎麼老是跟我作對？我不出門了，天氣就好得不得了，我一出門就變天！真是的，影響心情！

於是，在你的生活當中，充滿了抱怨：不是抱怨這件事情不公平，就是怨恨那件事情不順心。總之，就是一切都好像不合你意一樣。你整天沮喪得不得了，稍微有一點不順心就大吵大鬧的。

其實，這也是一種再正常不過的情緒發洩。因為人們在遇到挫折的時候，似乎已經習慣性地要去抱怨上天對他的不公平。但是，很少有人會想到，與其不停地抱怨，還不如去想想如何擺脫這種糟糕至極的壞心情。

既然事已至此，我們更應該學會的，是試著去接受這並不十分理想的事實，並懷著一顆真誠的心去感恩。

感恩上天在你出門的時候，是個清清爽爽的陰天，而不是一個大雨傾盆的天氣；感恩媽媽在不辭辛苦地扶養你的同時，還對你關心備至；感恩哥哥姊姊能夠非常懂事地把一切好的都讓給你。學會感恩，這才是你應該養成的一個再好不過的習慣。

生活當中，我們需要學會感恩，因為所有的事情，包括煩惱和快樂，無一不是自己一手造成的，快樂和煩惱都是自己心裡面的東西。俗話說：「種瓜得瓜，種豆得豆。」種下什麼因就結出什麼果，種下去的因一旦瓜熟蒂落，果就會顯現出來。

所以人不要去抱怨老天爺的不公，也不要抱怨命運對你的不平。老天爺對每個人都是公平公正的，端看你能否真正看得開，放得下。

體味感恩的精髓

上帝是公平的，給誰的也不多，給誰的也不會少。當一個人開始產生抱怨心理的時候，完全是在跟自己過不去。也就是說，有些時候，我們所感受到的不快樂，都是由於自己的心理原因而讓自己庸人自擾。

學會知足，學會感恩，我們會感覺到，自己其實非常幸福：有那麼愛我們的父母；有那麼善解人意的兄弟姊妹；有那麼好的天氣伴我們出門。難道這一切都不值得我們用一顆感恩的心來面對嗎？

有一位年輕的農夫，划著小船，到另一個村子的顧客家中運送自家的產品。那天酷熱難耐，農夫汗流浹背，苦不堪言。他心急火燎地划著小船，希望趕緊完成這趟運送任務，以便在天黑之前能返回家中。

就在這時，農夫突然發現，前面有一條小船，沿河而下，迎面向自己快速駛來。眼看兩條船就要撞上了，但那條船並沒有絲毫避讓的意思，似乎是有意要撞翻農夫的小船。

於是，農夫大聲地向對面的船吼叫道：「讓開，快點讓開！你這個白癡！再不讓開你就要撞上我了。」但無論農夫怎麼吼叫都沒有用，農夫只好手忙腳亂地企圖讓開水道。

不過已經太晚了，那條船還是重重地撞上了他的船。農夫被激怒了，厲聲斥責道：「你會不會駕船，這麼寬的河面，你竟然撞到了我的船上！」當農夫怒目審視對方的小船時，吃驚地發現，小船上空無一人。聽他大呼小叫、厲聲斥罵的只是一條掙脫了繩索、順河漂流的空船。

生活在這個世界上，我們得承認沒有一種生活是完美的，也沒有一種生活會讓一個人完全滿意。儘管我們做不到從不抱怨，但我們應該學會盡量地減少抱怨，並用積極的心態去努力進取。

因為抱怨如果成了一個人的習慣，就像搬起石頭砸自己的腳，於人無益，於己不利，生活就成了牢籠一般，處處不順，處處不滿。相反，如果我們真正學到了感恩的精髓，就會著實地明白，自由自在的生活著，其實本身就是最大的幸福，因為我們學會了感恩，學會了感謝。

擁有一顆感恩的心，我們才會懂得去孝敬父母；

擁有一顆感恩的心，我們才會懂得去友愛兄弟姊妹；

擁有一顆感恩的心，我們就能學會面對生活中的一些不順心的小事情；

讓我們學會感恩，感謝別人的給予——哪怕是一個淺淺的微笑，一個小小的禮讓。

感謝可以溫暖人的心靈、消除人與人之間的隔閡，給人以更多的快樂和勇氣；感謝還能夠驅散寂寞、緩解痛苦，給人以更多的友情與溫暖。感謝還能夠使生活充滿更多的歡樂與幸福，感謝能使人們得到更多的善意與寬容。

感謝親人，感恩朋友

父母辛辛苦苦地把我們撫養成人，在我們的心裡，永遠都覺得這是理所當然的付出……

兄弟姊妹的關心和愛護，在我們的眼裡，永遠都認為這是他們分內的事情……

親朋好友的禮讓遷就，我們都當成許多不值一提的小事之一……

親人，也需要感恩

我們每一個人都知道應該去感恩身邊的一切：感謝生養我們的父母；感謝可愛的兄弟姊妹的細心照顧；感謝親朋好友陪伴在身邊的日子。這些，我們從未忘記，可為什麼我們仍然邁開步伐不顧一切地向前衝，全然不顧身邊的親人朋友？

原來，我們總以為來日方長，總有一天，我們會有能力去感謝這些親人、兄弟姊妹和朋友……

正是由於我們的漠視，正是由於我們的「來日方長」，讓我們忘記了時間也是一個殘酷而又平等的東西，當我們真正有能力去感謝身邊的這些親人和朋友時，我們會驀然發現：自己的頓悟和付出是不是太晚了些，或許親人和朋友根本已經不需要我們的這種感謝。

從小到大，我們吃的飯總是最好的，而父母也總是按照營養的合理搭配，給我們最好的補充，哪怕他們不吃一口；從小到大，只要我們出門，父母總是千叮嚀萬囑咐，總怕我們在外面受了苦……

可我們總是理所當然地接受這一切，覺得這是再正常不過的了。還總是嫌父母飯做的不合我們的胃口。當我們出門的時候，總是嫌父母囉嗦得不得了，一句話也聽不進去。

朋友們，你覺得上面的情況熟悉嗎？似曾相識嗎？沒錯，這種情況就發生在我們身邊，也許就發生在我們身上。靜下心來仔細想一想：長這麼大，我們究竟有多少愛是給了父母？究竟有多少愛是給了兄弟姊妹，究竟有多少愛是給了朋友？屈指可數吧！

正是我們的這種理所當然，也正是我們的這種漠視，才使這原本屬於我們的親情越走越遠，難道不是嗎？

愛因斯坦說過：「每天我都要無數次地提醒自己，我的內心和外在的生活，都是建立在其他活著的和死去的人的勞動基礎上。我必須竭盡全力，像我曾經得到的和正在得到的那樣，做出同樣的貢獻。」

要知道，我們只是一個普普通通的人，不可能像偉人那樣對人類有著卓越的貢獻。但當我們赤裸裸地來到人世，從無知直到長大成人，每時每刻都在享受著大自然、親朋好友和無數陌生人給予的一切，我們被愛緊緊圍繞著，許許多多人在為我們的成長、我們的生活奉獻著、付出著。

我們難道不應該永遠記住所有的人和事，所有愛和恩，為此承擔一份歉疚，珍惜、知足現有的一切嗎？

感恩是愛和善的基礎，我們雖然不可能變成完人，但常懷著感恩的心，至少可以讓自己活得更加美麗、更加充實。而感恩是需要學習，需要培育的。西方的父母從孩子很小的時候就要求他們寫感恩日記，感恩陽光、感恩自然、感恩一切給予微笑和愛的人。

所以培育感恩的心，並非是一朝一夕的功夫，如果人人都有一顆感恩的心，這世界就會變得更加美麗。

感謝生命中最親的人

曾經看到過這樣一篇關於母親陪同兒子參加聯考的報導：

兒子在教室裡考試，母親在外面守候。因為天氣太熱，氣溫過高，不久母親便中暑倒在了地上，被路人送到醫院。

在醫院，這位母親一直沒有甦醒過來，令醫生束手無策，最後還是一名護士想到一個好點子，在她的耳邊輕輕地說：「考試結束了。」

話還沒說完，她便坐立起來，大聲地說：「我得趕緊問問我兒子考得怎麼樣！」在這個生死關頭，母親心裡牽掛的仍是正在考試的兒子。

因為關心兒子，而忽略了自己的一切，甚至是生命。這是一種多麼偉大的母愛，這是一種多麼感人至深的母愛，難道不值得我們用一生去報答嗎？答案是肯定的，母親的愛，永遠值得我們用一生去報答。

也許有的時候，我們只知道飯來張口，衣來伸手。於是，我們和父母之間缺少了一定的溝通，彼此開始有了無形的隔閡，我們也變得自私自利，忘記了父母曾經的付出。

即使我們已經長大成人了，即使我們變成一個非常優秀成功的人，如果沒有父母愛的滋潤，我們的人生仍然是不完整的。

父母和朋友的愛，需要我們去報答，學會報答父母和朋友所給予的愛，我們將會發現自己也是快樂和幸福的。

「我愛你」，多麼簡單的三個字，輕鬆的不用一秒鐘就能說完，卻有許多人都把這句話忽略了，又或者是深埋在心底，心想：我不說，別人也能明白。事實上，愛是需要表達的，我們是怎麼想的，就要怎麼表達出來。

平常一定要多向自己的親人說一句：「我愛你！」並用實際行動來報答周圍人所給予的愛。

其實行動起來並沒有想像中困難：當父母累的時候，我們端上一杯熱茶；當朋友難過的時候，我們送上幾句貼心的安慰；當和兄弟姊妹鬧彆扭的時候，我們主動開口認個錯，這些都是無聲的感謝。讓我們用最真誠的感恩，使周圍的人都感受到幸福。

感恩是一種溫暖的情感，像一條緩緩流淌的小溪，輕輕吟唱著，在心與心之間傳遞著人世間最純最美的資訊。每一個人最應該感謝的就是自己的父母，因為是父母撫育我們長大成人。學會感恩，我們會感受到幸福的所在。

感恩才會有真摯的友情

在我們最需要幫忙的時候，是朋友慷慨地幫助了我們，難道我們的心裡不應該對朋友充滿感激嗎？

在我們最難過的時候，是朋友一直無怨無悔地陪伴在我們身邊，我們的心裡不該有一點感謝嗎？

在我們最快樂的時候，還是朋友在我們身邊，願意和我們共同分享，我們，感動過嗎？

只因為我們是朋友

在人生的旅途中，每個人都會遇到各種各樣的困境，在這個時候，朋友會給我們帶來很大的幫助。有時朋友的一句話或一個建議，可以讓我們勝讀十年書，甚至少走很多彎路。

人生如同風雲，變幻莫測，難以預料。每個人都有旦夕禍福的時候，在這時，如果有朋友指點或支援，就會讓我們化禍為福；如果有煩惱和憂愁，找朋友訴說就會減輕這些苦惱……

有句話說得好：「你有一份快樂，那麼和朋友一塊兒分享就是兩份快樂；你有一份痛苦，那麼和朋友一塊兒面對就是半個痛苦，這就是朋友。」

只因為我們是朋友，所以做的這一切都是值得的；只因為我們是朋友，所以不論發生什麼事，我們從來都不會孤軍奮戰。

一次意外，你做生意被人把錢給騙了個精光。你沮喪無助得不得了，哭天搶地也不能挽回損失，差點就想走上絕路。是朋友一聲不響地把自己所有的積蓄拿出來給你墊上，雖然這只是杯水車薪，但你仍然充滿感激，兩眼淚花。因為你知道，只有真正的朋友才會在最關鍵的時候挺身而出。

和女友分手了，你心裡非常難過，無處訴說，就到酒吧裡買醉，把身體折騰得不像樣子，差點就到閻王爺那裡去報到。是朋友無怨無悔地把你從生死邊緣拉回來，忙前忙後地細心照顧你……

仔細地想一想，若不是朋友，今天的我們會是什麼樣子呢？是一個在街頭乞討的落魄乞丐？還是一個為了愛情弄得死去活來的可憐蟲？那朋友為什麼會這樣做呢？原因極簡單：只因為我們是朋友。

真正的朋友，是快樂時未必能同樂，但患難時一定與共，是與自己志同道合，願意將心事毫無保留地向對方傾訴的人。

茫茫人海，每天擦肩而過的人無數，不論是什麼力量的牽引，讓我們從陌生到熟悉，相識到相知，我們都應該心存一份對朋友的感激之情。

是最親愛的朋友，讓我們覺得幸福，讓我們知道什麼是人生當中不可或缺的東西。

感恩生命裡的每一位朋友

朋友是我們每個人生命當中最溫暖的春天，因為有朋友，所以我們從來都沒有感到孤獨。學會感恩身邊的每一位朋友，是他們讓我們懂得生活的不易，是他們讓我們懂得生命的精彩。

曾經有兩個人在沙漠中行走，他們是非常要好的朋友，在途中不知道什麼原因，他們大吵了一架，其中一個人打了另一個人一巴掌，被打的人非常傷心。於是，他就在沙裡寫道：「今天我朋友打了我一巴掌。」

寫完之後，他們繼續行走，來到一塊沼澤地裡，被打的人不小心踩到沼澤裡面，另外一個人拚了命地去救他，最後那個人得救了。他非常高興，於是，他拿了一塊石頭，在上面刻道：「今天我朋友救了我一命。」

朋友一頭霧水，十分奇怪地問：「為什麼我打了你一巴掌，你把它寫在沙裡，而我救了你一命，你卻把它刻在石頭上呢？」

那個人笑了笑，回答道：「當別人對我有誤會，或者有什麼對我不好的事，就應該把它記在最容易遺忘、最容易消失的地方，由風負責把它抹掉；而當朋友對我有恩，或者對我很好的話，就應該把它記在最不容易消失的地方，儘管風吹雨打也忘不了。」

朋友，真的是我們一生當中最珍貴的財富。缺少朋友，我們可能會寸步難行。

當我們孤獨的時候，是朋友給予溫暖心靈的力量；

當我們傷心難過之時，是朋友給予安慰、信心。

因此，請學會感恩，感恩朋友像陽光一樣給予我們燦爛的光輝；感恩朋友像大地一樣賦予我們博大的胸懷；感恩朋友像鮮花一樣帶給我們芬芳；感恩朋友像雨露一樣滋潤我們的心田。是啊，要學會感謝生命裡的每一位朋友。

因為最親，所以最在乎

偶爾由於比較忙，回家晚了一些，父母就會質問我們：「晚上去哪兒了，怎麼這麼晚才回家？」我們總在心裡嘀咕：怎麼什麼都要管！

偶爾嗓子不太舒服，咳嗽兩聲，父母張口就問：「這是怎麼了，要你多穿件衣服，你偏不聽，這下感冒了吧？」我們卻在心裡抱怨：別再囉嗦了行不行？

是親人管得太多了嗎？

我們要是出差在外，父母最關注的就是天氣的變化，只要稍微有那麼一點點的風吹草動，就會打電話提醒我們：「天氣有變化，別忘了多穿幾件衣服！」

和一個剛交的朋友很談得來，才認識兩個月，父母就提醒我們：「小心他是一個騙子！」其實我們心裡挺不服氣：「怎麼能這樣說我朋友？爸媽未免也管得太多了吧！」

才決定減肥兩天，媽媽就指責我們：「吃這麼少，不怕生病啊！你再不吃，下次我什麼也不做了。」

早上想睡個懶覺，媽媽在一邊不停地喊：「快起床了，太陽都曬到屁股了，還吃不吃飯了？」你恨不得用被子把兩隻耳朵都堵死，心想：睡個懶覺怎麼了？

是啊，生活當中，無論做什麼事，似乎爸爸媽媽總是要插上一句的。而且無一例外的是，在我們的眼裡，他們都在和我們作對。所以，我們做什麼都覺得不順心，煩心不已，感覺沒有一點人身自由，處處被人管。

我們的想法只有一個：趕快逃離這個吵吵鬧鬧的地方。

然而，我們有沒有想過：

出差在外，除了父母，還有誰會不厭其煩的提醒我們：天氣變了，要多穿件衣服。恐怕就連自己都很少去關注這些細枝末節吧？

我們交了朋友，談了戀愛，完全被戀愛沖昏了頭腦，認為自己交的朋友都是最優秀的，完全看不到朋友身上的缺點，就算是缺點，我們也拿來當優點來看。除了父母會提醒我們：小心上當，他也許是個騙子！恐怕就連我們自己都沒有想到這一層吧？

我們羨慕那些身材苗條的人，於是想到了減肥，只有媽媽會指責我們：不要因為減肥而弄壞了身體，這是不值得的。但我們早就已經被愛美之心給蒙蔽了吧？

難道這些真的是親人管得太多了嗎？那麼，他們為什麼不去提醒其他人，偏偏只提醒我們？只要我們想一想，就不難明白，其原因再簡單不過了：因為我們是他們最親的人，只有最親的人才最在乎我們；只有最親的人才會最在乎我們將來會不會幸福；只有最親的人才會最關注我們的身體健康狀況。

親人，永遠都最在乎我們

每一個人在生命誕生的時候，上天就賜予屬於他們的至親了。在我們的生活當中，也只有親人對我們的付出是真正不求回報的，而且，最重要的是，他們關注的焦點永遠都是我們。

沒錯，他們最關心、最關注、最在乎的都是我們。只要我們健康，只要我們快樂，他們怎麼樣都行。這就是親人，這就是愛。因為最親，所以最在乎。

因此千萬不要再把父母對我們的嘮叨當成一種負擔；不要再去厭煩父母好心地提醒，或者是善良的斥責。他們的目的就只有一個：為了你好。

二〇〇八年五月的汶川大地震，一個令人膽戰心驚的日子，一個讓無數人失去家庭的日子。無數震撼心靈的瞬間在這一天定格，是的，就是大地那麼輕輕的一個顫抖，使無數的人陰陽兩隔，這是多麼殘酷的一件事情。

就在這一天，全中國以至於全世界都受到了不小的震撼。一個家住河南鄭州在四川讀大學的大二學生小於回憶說：「雖然當時地震的中心點汶川離我們學校的距離比較遠，但還是受到了影響。我條件反射似的就想到了自己的父母，於是我趕緊拿起手中的電話，準備打給父母……」

不過由於地震過於強烈，所有的通訊信號都受到影響，暫時中斷一段時間。他心裡想的是，等到手機有了信號的時候，再和父母聯繫，報個平安。

可是，他沒有想到的是，他的父母在鄭州聽到這個消息時，都被嚇傻了，開始不斷地撥打兒子的手機號碼，當聽到「您所撥打的電話暫時無法接通」的時候，小於的母親以為自己的兒子也不幸遇難，所以就失聲痛哭起來。

當小於完整無缺地站在父母面前的時候，他的母親還不敢相信。她一把抱住兒子，泣不成聲地說：「你沒死！這是真的嗎？我不是在做夢吧，兒子！」小於後來明白是怎麼回事的時候，心裡很難過，也很感動。他忽然之間就明白了：最在乎你的永遠是你最親的人。

從我們呱呱墜地到長大成人，毫無疑問是父母花去了他們畢生的心血與汗水在哺育我們。因此，我們對父母的感恩應該是發自內心的。俗話說：「滴水之恩，當湧泉相報。」更何況父母為我們付出的不僅僅是「一滴水」，而是一片汪洋大海。

撫養孩子是一項投資最大、回報最低的工作。但為什麼每個父母都心甘情願地做這樣的投資和付出呢？因為孩子是他們人生最大的希望。為了這個希望，他們可以獻出自己的一切乃至生命。

那麼，我們有沒有想過，他們為什麼要這麼做？這種高成本低收益的事情，他們為什麼還會心甘情願地去做呢？其實，就是因為我們是他們最親的人，因為最親，所以最在乎，無論為我們付出多少，親人永遠都覺得值得。所以，時刻都不要忘記去感謝父母。

我們是否會在父母勞累時遞上一杯熱茶；在他們生日的時候，在百忙之中抽出時間陪他們過一個生日；在他們失落的時候，奉上一番問候與安慰？他們往往為我們傾注了心血、精力，而我們又何曾記得他們的生日，體會他們的勞累，又是否察覺到那縷縷銀絲，以及那一道道皺紋？

感恩，需要我們用心去體會，去報答。

讓消極情感得到理解和溝通

當我們犯了比較嚴重的錯誤之時，父母不僅狠狠地批評了我們，甚至還動手打了我們，我們從心眼裡開始恨他們，於是，我們學會了叛逆……

當我們的一切行動都被父母緊緊地掌握在手中的時候，我們只想離家出走，趕快逃離這個令我們窒息發狂的「牢籠」……

當我們的想法沒有得到父母的及時理解時，我們無法和他們溝通，於是我們隱忍沉默，終至無話可說……

父母真的就那麼狠心嗎？

小時候的你十分淘氣，總是領著一群小孩子爬上爬下的，有一次，不小心爬到了工廠的貯油罐上，回來的時候，媽媽用藤條狠狠地打了你一頓，疼得你哇哇直哭，你心裡一點兒也不服氣：我不是就出去玩會兒嗎？

吃飯的時候，一不小心把原本盛著飯的碗給摔碎了，媽媽特別生氣地斥責你：「怎麼這麼不小心！」你委屈得不得了，因為你覺得這並不是自己故意要摔碎的，可媽媽還是罵了你。

原本成績優秀的你，在一次模擬考中失利，把本不應該丟失的分給丟了。原本有望進入年級前五的你，只拿了個班級名次。父母非常失望，不僅沒有安慰你，還狠狠地批評了你，你心裡特別難過。

你心裡醞釀了一個不錯的想法，想和父母分享一下，沒想到，迎面就被潑了一頭冷水：「別整天有那麼多不切實際、莫名其妙的想法！」

在你的記憶裡，父母總是對你那麼的嚴厲，也總是那麼的狠心：不僅罵你而且還打你！於是，你和他們之間的距離越來越遠；你越來越不理解父母的苦心。慢慢地，從不理解轉變成了一絲絲的恨，你甚至都不想再見到自己的父母了。

然而，這一切真的就像你眼中所看到的那樣，你心裡認為的那樣嗎？父母也真的就那麼狠心嗎？未必吧！做父母的只不過是想讓你更優秀出眾一些，才會對你的要求那麼嚴格。他們只希望你是最優秀的，不想你犯一點錯。

這個時候，你是否也想到過這些問題：

為什麼父母在打了你之後，心裡比你更疼，更難過？

為什麼在你專心上學的那段日子裡，你沒有做過任何家事？

為什麼在你取得一定成績的時候，父母比你還開心高興？

靜下心來仔細想，原來，父母並沒有你想的那麼狠心。有的時候，狠心也是另外一種愛。他們對你的愛是一種恨鐵不成鋼的愛。都說棒棍底下出孝子，如果不是父母打你，你又怎麼會意識到事情的嚴重性呢？如果不是父母斥責你，你又怎麼會知道做事要小心謹慎一點呢？如果不是父母及時潑冷水，你又怎麼會意識到自己的想法不切實際呢？

感恩父母，理解父母的用心良苦

從我們出生那一刻開始，父母便默默付出他們所有的愛。上學時，為我們的成績擔心；工作時，為我們的前途擔憂；結婚時，為我們的幸福忙碌；生子時，又為我們的孩子付出……

即使我們已長大，即使我們不能給他們太多，但在他們的心目中，我們依舊是他們愛的依託，依舊是他們默默付出的對象。

那麼，我們有沒有從心裡開始理解自己父母的那份苦心呢？有沒有從心裡對自己的父母充滿著感激之情呢？

在別人眼裡，小可從小到大都是一個學習非常優秀並且乖巧懂事的孩子。然而，大家都沒有看出來，她遺傳了她媽媽的爭強好勝和倔強。可以想像，兩個同樣爭強好勝的人，狹路相逢，必是兩敗俱傷。

好不容易高三畢業了，選填志願的時候，憑著小可的傲人成績，無論哪所大學都很有希望。小可想報台大，偏偏小可的媽媽非要讓女兒選擇清華大學，原因也有兩方面：第一，為了保險起見，報清華大學是萬無一失的，萬一台大失手了，就沒有後路了，而清華對於小可來說比較穩一些。

第二，小可媽媽想讓女兒完成自己當年未完成的夢想。但是，小可卻不這麼想，她就要選擇自己夢寐以求的台灣大學。

兩人就這樣僵持不下，誰也不肯讓誰，結果還是依著小可選報了台大，但偏偏天不從人願，小可僅以一分之差名落孫山。誰也沒有想到的結果，讓小可和小可媽媽都失望至極。小可因此而患了自閉症。

如果小可能夠不那麼倔強的選擇上台大，也許今天的她就坐在清華大學的教室裡；如果小可能夠聽媽媽的一句勸，今天的她也就不會患上自閉症。其實，小可的媽媽真的只是一心為小可著想，小可卻不能很好的理解父母的用心。

有的時候，總會有一種聲音在我們的耳邊不厭其煩地響起，而我們只是回以一個冷漠的笑；有的時候，我們總會理解不了他們那一代對我們深沉的愛的做法而發脾氣。是啊，父母無私的愛，我們卻當成了一種最最普通的東西，我們是該想一想了。

有人說，假使我們左肩荷母，右肩荷父，行萬里路也不能報答父母養育之恩；假使我們剝皮為紙、折骨為筆、和血為墨也書寫不盡父母的養育之恩。因此，不論我們怎麼報答都報答不完父母給予的愛。他們的愛是隱秘而開放的，只是我們不瞭解罷了。

所以，千萬不要再為父母的嚴厲斥責而怨恨自己的父母；千萬不要再有一聲不吭就選擇離家出走的想法；千萬不要再覺得和父母溝通是一件浪費口舌的事情。因為不論父母做了些什麼，他們的出發點都只有一個，那就是——為了你好。

擁有一片心靈的綠洲

沒有一個人的一生是順風順水的，生活的酸甜苦辣每一個人都要品嘗，我們要學會感謝生活；

天空不可能永遠都是晴朗的，當遇到陰雨天的時候，我們要學會感謝上帝的洗禮；

人生的旅途當中，每一個人都會遇到困難，當別人幫助我們的時候，我們也要學會感謝別人的給予。

感謝，從未離開

讓我們學會感謝：感謝生活，感謝生命，感謝人生。讓我們學會感謝：感謝別人的給予——哪怕只是一個微不足道的笑容，一個不值一提的善意提醒。

讓我們每一個人都學會真誠的感謝——感謝每一縷陽光、每一滴雨露、每一個微笑、每一份關愛；感謝向我們伸出的每一雙援助之手，還有每一顆真誠的心。

讓我們在感謝中擁抱快樂，讓我們在感謝中珍愛友情、擁有屬於自己的一份幸福。讓我們學會感謝吧！因為它是人生中一種享用不盡的精神財富，不論是對別人還是對自己。

有這樣一則故事：兩個在沙漠中行走多日的商人，在他們口渴難耐的時候，碰到了一個趕著駱駝的老人，老人給他們每人半碗水。兩個人面對著同樣的半碗水，卻做出了不同的反應：

其中一個人看到老人給的半碗水，十分生氣地抱怨：「這水也太少了吧！根本就不足以解渴！還不如不喝呢！」於是他不屑地把半碗水給倒掉。

另外一個人也面臨同樣的問題，他也只有半碗水喝。然而，他的想法是十分興奮地連蹦帶跳地說道：「哇！還有半碗水喝呢！這下渴不死了呀！真不錯！」

那麼，結果就十分清楚了：前者，被活活渴死在茫茫的沙漠當中，後者堅持著走出了沙漠。

故事中的老人施捨的不光是少得可憐、看似無濟於事的半碗水，更是一種愛心，一種恩情。那位能夠活到最後的商人所喝下的是一份感激之情，接受的是別人給予自己的一份愛心。也正是這種感激、這份愛心促使他堅持著走出了大沙漠，挽救了自己寶貴的生命。

感恩可以說是我們生活當中一個最不被重視的細節之一。難道不是這樣嗎？父母給予我們生命，國家給予我們和平，學校給予我們職責，同事給予我們愛心與幫助，主管給予我們信任……這些點點滴滴的擁有，我們都在自己的忽略當中忘記了去感激、去感恩。

我們常會忘記充滿著感激地去生活，而選擇了埋怨：今天媽媽做的飯怎麼這麼難吃啊；當受到別人的一點幫助的時候，我們沒有想到感謝，只是覺得這太微乎其微；天氣不是很晴朗，抱怨天氣不隨人願。

我們應永遠懷著一顆感恩的心，改變態度，就能改變心情。感恩，會給我們帶來無窮的歡樂，同時也會給我們增添巨大的動力。為生活中的每一份擁有而感恩，能使我們知足常樂；為工作中的每一份擁有而感恩，能使我們努力進取。

當我們驀然回首的時候會發現：原來，感恩從未離開過我們，它真的就在我們身邊。

感恩是處世的一種境界

感恩，是一份銘心之感謝。

感恩，不僅是一種心態，更是一種處世之道和做人的至高境界。

感謝父母的養育，使我們學會了怎樣做人；感謝朋友的幫助，讓我們每一天都在進步；感謝生活中的每一個微笑的人，讓生活充滿歡聲笑語；感謝每一個哭泣的人，讓淚水帶走世間的悲痛與傷感；感謝每一位為社會奉獻的人，讓人世間多一點愛心；感謝每一位辛勤勞作的人，讓世間多一分收穫；感謝每一個人，讓生活變得豐富而多彩。

在一間平常的寺廟裡，有一位住持給寺院立了一條規矩：每年年底，寺廟裡新來的和尚都要對住持說兩個字。第一年年底的時候，住持問新和尚：「你最想對我說的兩個字是什麼呢？」新和尚想都沒有想，說道：「床硬。」住持什麼話也沒有說，只是笑笑走開了。

轉眼到了第二年的年底，住持又問那個新和尚：「你最想對我說的兩個字是什麼呢？」新和尚仍然不假思索，說道：「告辭。」住持望著新和尚離去的背影搖頭道：「心中有魔，難成正果，可惜！可惜！」

只有學會了感恩，人生才會沉澱出一份理性。新和尚心中的「魔」是他從來都不去想自己得到了什麼，光會一味地抱怨自己的需求沒有滿足。只知道索取，不知道回報，那麼也就更談不上感恩了。

經歷了人生歲月中的風風雨雨，我們心靈的原野仿佛在一夜之間開滿了頓悟的花朵，我們會感覺到自己的生命之所以能像一首燃燒著力與美的歌，正是因為不同的人或事，給予我們無比的激情與靈感，教會了我們如何去譜寫出人間最動人、最曼妙的旋律，由此，我們會從心底深深地感恩。

感謝我們的朋友，是他們讓我們感受到了生活的美妙和友情的溫暖。友情是我們內心的陽光，將憂鬱、哀傷、懦弱、失望等濃重的陰影驅散。正是因為有了能夠相知又相依的朋友，我們才因此而感受到了生活的多姿多采，才感受到了朋友是我們人生當中一道不可或缺的亮麗風景。

所有的一切，都需要我們懷著一顆感恩的心去對待。心存感激的人，其內心的靈魂一定是透著陽光與自然氣息的人，他也必定是一個懂得享受生活樂趣之人。

世界是如此美妙，生命如此美好，我們還有什麼理由不去感謝造物主給了我們一次次經歷的機會呢？

第五章

愛從調節情緒開始

處理好自己的情緒，將傷害化解於無形之中。

愛，是一句貼心的話，是一個理解的笑容，是一個小小的舉動。然而這些平常、普通的一言一行卻很容易被人們遺忘。父母含辛茹苦地養育我們，但又有幾人能夠體會到他們的不容易；親人總是不離不棄地鼓勵著我們，可又有幾人能夠感受到他們的一片苦心？親人的愛，伴隨著我們生命的每一刻，你感受到了嗎？

讓永恆的愛永存

親情無處不在，父母給予我們的愛，超然於水火之上，橫亙於生死之間；

海枯石爛，地老天荒，戀人給予我們的愛，值得我們用一生的時間去守候；

有福同享，有難同當，朋友給予我們的愛，是我們一輩子最珍貴的財富。

擁有親人的愛

在這個世界上，最廣泛、最深厚、最珍貴的感情就是親情。

電視裡有這樣一則廣告：媳婦拖著疲憊的身軀給婆婆倒泡腳水泡腳，婆婆那蒼老的臉上露出了舒心的笑容。這種笑容是溫暖的，同樣也是幸福的。她體會到了那種只屬於親人的愛。

而當孩子從門縫裡看到這一切的時候，他用同樣的方式回報了自己的母親：「媽媽！洗腳！」

媽媽看到兒子端到跟前的一盆洗腳水，會心地笑了。這是兒子對母親最純潔的愛。這種屬於親人之間的愛，我們當然也值得擁有。

親人的愛是無私的，親人的愛是溫暖的。我們如果用心感受到了這份愛，就會知道它是多麼的重要。如果世界上缺少了這份愛，那應該是多麼的淒涼和悲慘。

從我們呱呱墜地起，親情就和我們成為一個解不開的死結。父愛深沉，母愛崇高，手足之情溫暖。親情是希望、是囑託、是叮嚀、是關切。在親情的雨露滋潤下，在親情的陽光普照裡，一棵幼苗茁壯成長為大樹，無論是參天的偉岸還是扭曲的僵化，都離不開親情的交融。

血濃於水的親情，是我們可以依賴的基石。親情越濃，信任感越強，依戀越深。心有靈犀一點通，其中最不可缺少的就是親情。因為親情是人類永恆的愛，人們更應該讓這份愛永存。

但如果想讓這份永恆的愛保鮮，我們需要做的還有很多，比如親人之間的相互理解，親人之間的相互關愛。無論怎樣，只要努力了，我們就值得擁有這份愛。

讓愛永存於心中

在我們的生活當中，親情是最能引起我們共鳴的情感，無論讀起哪一段在視線裡流淌的親情，我們都能在裡面找到自己的影子，觸動我們心底的那片柔軟，或甜蜜或心痛，或幸福或沉湎於深深的懺悔。

不要在擁有親情的時候，不懂得去珍惜，一直揮霍個不停；直到失去的時候，才後悔莫及。珍惜那份只屬於我們的親情，珍惜那份只屬於我們的愛，學會讓這永恆的愛永存。

在某個鄉下小村莊的偏僻小屋裡住著一對母女，母親生怕遭竊總是一到晚上便在門把上連鎖三道鎖；女兒則厭惡像風景畫般枯燥而一成不變的鄉村生活，她嚮往都市，想去看看透過電視機呈現的那個華麗世界。

一天清晨，女兒為了追求那虛幻的夢離開了母親身邊。她趁母親睡覺時偷偷離家出走了，留下一張紙條：「媽，妳就當作沒我這個女兒吧！」可惜這世界不如她想像的那樣美麗動人。她在不知不覺中，走向墮落之途，深陷無法自拔的泥濘中，這時她才領悟到自己的過錯。

經過十年後，已經長大成人的女兒拖著受傷的心與狼狽的身軀，回到了故鄉。她回到家時已是深夜，微弱的燈光透過門縫漏出來。她輕輕敲了敲門，卻突然有種不祥的預感，而且，門一推就開了。

好奇怪，母親之前從來不曾忘記把門鎖上的。她心裡這樣想著，進屋見母親瘦弱的身軀蜷曲在冰冷的地板，以令人心疼的模樣睡著了。

「媽……媽……」聽到女兒的哭泣聲，母親睜開了眼睛，一語不發地摟住女兒疲憊的肩膀。

在母親懷裡哭了很久之後，女兒突然好奇地問道：「媽，今天妳怎麼沒有鎖門，有人闖進來怎麼辦？」母親回答說：「不只是今天而已，我怕妳晚上突然回來進不了家門，所以十年來門從沒鎖過。」

母親十年如一日，等待著女兒回來，女兒房間裡的擺設一如當年。這天晚上，母女倆回到十年前的樣子，緊緊鎖上門睡著了。

當經歷了歲月的雕刻、生活的磨難、感情的挫折，我們才會真正明白這個世上唯一永恆的愛只有親情！也只有親情才是偉大的、無私的、包容的！

沒有哪種愛可以與它抗衡！也沒有哪份愛可以比它永恆！

文學裡表達母愛為舐犢之情，形容得非常真切。當親情遭到外界暴力攻擊或風雨的侵襲時，母親會像一頭發怒的獅子去拚命保護自己的孩子。還有喜鵲，如果將牠窩裡的卵毀了，牠會想方設法報復凶手。那時牠們表現出來的力量是超常的，情感傾瀉的淋漓令我們欷歔和驚歎。

我們既然都知道，血濃於水的親情會讓人覺得幸福。因此，我們要學會關心自己的父母。雖然，他們的年齡越來越大，行動可能會越來越不方便。但是他們對於我們的愛卻總是有增無減。因此，我們要學會給予父母最好的關心和愛護。

愛需要彼此珍惜

茫茫人海當中，兩個人能夠相遇相知相伴一生是件很不容易的事，因此，要學會彼此珍惜；

兩個人相處，不要只放大對方的缺點而忽略了優點，因為愛只有在珍惜這個顯微鏡下才能看到幸福；

真正的愛，可以跨越生死，學會珍惜屬於自己的那份愛，我們的心裡會開一朵屬於幸福的花朵。

不要等到失去才懂得珍惜

大千世界，茫茫人海，能夠遇到一個心愛的人，並能夠走到一起，這是一件多麼幸運的事情！這份愛，也許沒有我們想像的那麼美好，應該也不會糟糕到哪裡去。所以，一定要學會知福惜福好好珍惜，多說關懷語，少說責備話。

如果我們懂得珍惜，我們會發現獲得的越來越多；如果一味追求，我們會發現失去得越來越快。其實，我們只要知道，彼此都有缺點，但有一種純樸的可愛就足夠了。

從相識、相知再到相戀，一切都是那麼的幸福。毫無疑問地，公主和王子結婚了。從此，你們結束了花前月下的浪漫，開始了廚房鍋碗瓢盆變奏曲的彈奏。曾經的那份甜蜜在經過歲月的洗禮之後，漸漸地演變成一種習慣成自然的親情。

於是，你們習慣了一起吃飯，一起睡覺，當然還有一起吵架。時間久了，彼此都會有一種心累的感覺，總以為缺少了對方依然可以過得很好，甚至是更好。

可是，當你們真的走到離婚的那一步時，你會突然明白：雖然拉著彼此的手就像左手握右手一樣，沒有一點感覺，但如果是硬生生的切下去，還是會感覺疼。這就是愛，這就是親情。

有句話說得好，我們擁有一隻鞋子的時候，才會明白失去另外一隻鞋子的滋味。失去的東西總是最好的，那麼，就讓我們在最好的東西沒有真正丟失之前，用手緊緊地抓住，不讓它從指縫中溜走。

在每一個人的生命裡，擦肩而過的人有千千萬萬，能夠真正走到一起非常不容易。

所以，兩個人在相愛的時候需要真誠，爭執的時候需要溝通，生氣的時候需要冷靜，愉快的時候需要分享，指責的時候需要諒解。

愛，是需要彼此去珍惜的。既然選擇了就要去付出，就要好好對待彼此，信任和理解對方。

珍惜你所擁有的愛

這個世界上最美麗的，莫過於心與心的貼近，莫過於愛與愛的結合，莫過於情與情的訴說，莫過於人與人的真愛。

因此，我們要更加懂得彼此珍惜。珍惜，它是一種情感，是從心底流出的情感，悠長連綿，好似乾渴的禾苗對雨水的情感。珍惜，它也是一種感動，是那種生命中最長久的感動，動人不已，就像旱地裡下了一場金色雨一樣的感動。

有一對青年男女在大家的祝福中結婚了。男的特別有氣質，女的長得也特別秀氣。然而，他們對彼此的認識並不多，因為他們是通過家人介紹而結的婚。在這之前，對對方的性格和生活習慣各方面都不是特別瞭解，只是見過幾次面，彼此都有好感，僅此而已，別無其他，但緣分還是讓他們走到了一起。

婚後的生活的確也讓他們有點不適應，一個人的空間突然之間被兩個人取代了，而且還是和一個自己並不熟悉的人一起生活。當中的摩擦自然是避免不了的，偶爾兩個人還拌個嘴什麼的。有時甚至是嘔氣，不理會對方好多天。然而，最後他們總能理解、寬容對方，讓不愉快成為過眼雲煙。

經過時間的沖刷，歲月的洗禮，他們已經風風雨雨地一起走過了好幾十年。在這中間，他們互相扶持，凡事包容，凡事相信，凡事盼望，凡事忍耐。在這份平凡的愛當中，他們得到了一份平凡的幸福。

轉眼間，他們都成了一對白髮蒼蒼的老人，回首曾經走過的漫漫人生路，他們都明白了：愛，其實並不需要轟轟烈烈；愛，只需要彼此珍惜，珍惜那份平凡，珍惜那份小幸福，共同經營屬於自己的那份愛情。

感情是一種很堅韌的東西，如果我們願意恪守這份愛，它足以堅強地面對生活當中任何一種狂風暴雨的襲擊。因此，當我們和自己所愛的人走入婚姻的時候，也許會遇到很多挫折，也許會有很多矛盾。然而，愛就需要彼此珍惜，需要彼此體貼，需要彼此包容，才能長長久久。

珍惜，這是一種世間最美的情感，最純的感動，最真的眷戀。擁有珍惜，就會看清身邊的每一件屬於自己的事物，關懷每一個所愛的人。珍惜，是對每一個愛你的人的尊重。

「愛」是沉重的，因此，面對這麼沉重的愛，我們能夠做的除了珍惜還是珍惜，願我們一起將這份愛用一輩子的時間來珍惜。

親人關愛永不變

為了夢想，我們最終決定背上行囊遠走他鄉，而親人給我們的關愛是向前的永久動力；
工作上遇到不順心的時候，我們很無助，這時候我們最需要的就是親人的關心；
感情上受到挫折，我們第一個想到的就是親人。沒錯，歲月久遠，但親人的關愛從未改變。

血濃於水的親情

在這個世界上，愛其實是一種非常奇妙的東西，根本就不是金錢所能夠買到的，愛是世上少有的珍奇，也是人與人之間心靈上的交流。在無數的真愛當中，只有親人的愛是最透明偉大的。

只要有血緣關係的人，他們之間一定存在著一種感情——親情。人們常用「血濃於水」來說親情。確實，親情就好比是水，無需驚天動地，它永遠存在於我們生活中，如水一樣無法脫離，但永遠比水深濃，因為它比水多了一份情意，一份鮮紅的情意。

一天深夜，一場突如其來的土石流吞沒了小山村。當救難人員在第二天趕到的時候，在一個已經倒塌的屋舍內，發現一名光著身子蜷縮在屋梁下的兩三歲的小女孩竟然還活著。

救難人員趕緊將小女孩抱出來，可她死活都不肯離開，並用小手指著哭喊起來：「媽——」

救難人員沿著隱約露出的一雙泥手小心翼翼地往下刨，眼前現出一幅驚心動魄的畫面：

一個半身赤裸的女人，呈站立姿勢，雙手高高舉過頭頂，仿佛一尊舉重運動員的雕塑……女人竟是一個盲人，身體早已僵硬。而她的身下，又刨出一個昂首挺立的男人！女人正是站在男人肩上，雙手高舉小女孩，小女孩才奇跡般地成為這場土石流中唯一的倖存者！

這種愛，怎麼能用一般的言語描摹，這份震撼又怎麼能用一般的文字來形容。在生死攸關的時刻，母親總是義無反顧的捨棄自我，這種盲人父母捨己救子女的壯舉是對母愛力量的絕佳詮釋。

有人說，普天下最平凡的是母親，最偉大的也是母親。從來沒有一種文字能寫盡母愛，文章是有長短盡頭的，而母愛，卻是無痕的歲月，貫穿著我們生命的全部。

我們知道，母親的愛可以有無數的方式表達：簡簡單單的一句話、一個微笑、一個點頭……在這些細節當中，或深或淺，或重或輕都有愛的滋味。

只要我們回味和咀嚼，遲早會品嘗到愛的味道。在凡俗的生活當中，母愛正是以一些小事來震撼我們的心靈。

是的，母親的愛就像一道布滿了無數密碼的電文，需要一顆成熟的、懂得感恩的心去破譯它。

請輕輕地走近母親，然後以一種最親切的方式靠近她，我們可以看到母親結滿老繭粗糙乾裂的手，摸一摸她被歲月的風霜損傷的腿吧，即使我們沒有為她做什麼，但當我們走近母親時，她卻已從我們的身上聞到了一種愛的味道。

用心感受親人的愛

只要我們活著，我們就離不開親情。可以說，世間的每一個人都浸泡在博大無比的親情當中，世間的每一個人都在為親情吟唱著一曲曲沁人心牌的歌。

隨著時代的不斷變遷，如果說這世間什麼都會發生改變的話，那麼，只有親人的關愛是永遠都不會改變的。

親情，有一種奇妙無比的力量。有人這樣形容親情：親情，是一罈陳年老酒，甜美醇香；是一幅傳世名畫，精美雋永；是一首經典老歌，輕柔溫婉；是一方名貴絲綢，細膩光滑。

小襄是一個畢業不久的大學生，剛找到一份還不錯的工作。可是由於工作的原因，被調到離家比較遠的台北。剛開始的時候，父母有點不同意，說是離家太遠了，做什麼事情都不方便，但小襄執意要去。

帶著對新城市的陌生和好奇，她很快地就適應這座城市。儘管來的時候，父母也曾經提醒過她：出門在外，不比在家裡，做任何事情都要小心。小襄嘴上說著好的好的，人卻已經走出好遠了。

一次不小心，她到外地出差忘了帶手機的充電器，導致手機沒電不能打了。她心想反正公司有事還可以通過 Mail 聯絡，應該不要緊。

可是當她出差回來將手機充好電，再一次打開手機的時候，發現簡訊一個接著一個的來：「在哪兒呢？怎麼關機了？」「電話開機，記得和媽媽打個電話！」

看到這些關心的簡訊，小襄鼻子一酸，眼淚就掉了下來，她趕緊給媽媽打了個電話，還沒等她開口，媽媽就擔心而急切地問：「電話怎麼都打不通，快把爸爸媽媽急死了！」說著說著媽媽就哭了：「還以為妳出了什麼事呢！」「以後可千萬不能這樣了啊，什麼時候都不能讓爸爸媽媽找不到妳！聽見沒有！」

小襄這個時候，只有不停地點頭，她為自己這種不為家人考慮的行為感到慚愧。她決定以後常常打個電話給父母，不讓父母總為她擔心。她此刻終於明白了那句「兒行千里母擔憂」的含義，她知道不管自己走多遠，親人的關愛是永遠不會改變的。

親情，無論在什麼時候，永遠為我們打開一扇心靈的大門，大門裡面就是我們的家園。當我們快樂時，它絕對真心地為我們高興和開心，分享著我們的快樂，真情的芬芳就在我們身邊彌漫；當我們傷心時，它為我們敞開心扉，給予鼓勵和安慰，幫我們渡過難關。

古往今來，親情曾被多少詩人謳歌，曾被多少常人惦念。親情到底有多高多厚，誰也說不清道不明。

親情就是親人之間的感情，它的本質是關愛，是母愛、父愛、手足之情、血脈之親、長者對幼者的疼愛……我們不必用任何事物去比擬，也不必用任何詞句去修飾，我們只能用心去感受。

有多少次，當我們滿身疲憊地回到家裡時，家中的父母親總對我們展露親切關懷的笑臉；有多少次，當我們受了委屈，無從發洩的時候，親人無聲的、默默的付出關注和關心……

這麼溫暖的親情，難道我們就沒有感動嗎？

暴躁憤怒要不得

你最心愛的玩具，被不懂事的弟弟給「折騰」壞了，你二話不說，

過去對他就是一頓臭罵……

好不容易有個假期想好好休息，卻被爸媽安排得滿滿的，你氣憤地甩門而出……

看到丈夫回家不洗腳也不洗襪子，就直接上床睡覺，妳真想一下子就把他從床上揪下來……

暴躁與憤怒能解決問題嗎？

有一些人脾氣暴躁，遇事容易衝動，特別是對一些不順心或自己看不慣的事，常常容易生氣或嘔氣。但是，發完脾氣後，問題就能夠得到解決嗎？

你工作的壓力越來越大，心情越來越不好，看什麼都覺得不順眼，好像一切都在和你作對似的。

明明最討厭二手菸了，一聞到菸味就嗆得難受，可他卻在家裡一根接著一根地抽，你心裡沒來由的一肚子火，你想都沒有想，就一個箭步上去把他嘴裡的菸給奪過來恨恨地掐掉，而不是心平氣和地告訴他：「哦，親愛的！別抽了好嗎？」

你明明最討厭等人了，做好飯，發簡訊等他回來吃飯，他說一會兒就到！你左等右等就是不見人影，飯菜都涼了，他才姍姍來遲地拖著疲憊的身軀走進家門。你連原因都懶得問，劈頭蓋臉地就問他：「怎麼這麼晚才回來！」並且又摔筷子又嘟囔，完全不給他解釋的機會。

他去國外出一次差，你讓他回來的時候給你帶一些小禮物，他想都沒有想就答應了，你盼著他回來了，可告訴你的卻是：由於工作比較忙，把這件事情給忘記了。你氣憤地甩門而出，心裡想，他根本就沒把你當回事！

你有沒有發現，自己越來越愛生氣；你有沒有發現，自己總是有一點歇斯底里；你有沒有發現，自己的脾氣壞到了極點；你有沒有發現，自己無意間傷害了最親的人。

如果你仔細地靜下心來想一想，就不難發現：

你一個箭步衝上去把他嘴裡的菸給掐滅了，自己的火氣仍然沒有消掉，反而有可能更加氣憤。

你劈頭蓋臉地問話、摔東西之後，心情並沒有變好一點，反而讓兩個人的關係陷入越來越緊張的狀態。

有時候，你也很懊悔，自己怎麼成了這個樣子，動不動就會生氣，就會發脾氣。可是就是沒有辦法控制自己的情緒。沒有理由的覺得生活當中的一切事情都不太合自己的意思。總之就是不順心到了極點。

然而，就算你再憤怒、再生氣，也不會換來比較好的結果，也不能解決一切問題，那這樣的話，還不如不生氣，不憤怒呢！

壞情緒要不得

人生是短暫的。所以，千萬不要因為一些雞毛蒜皮、微不足道的小事而耿耿於懷，為這些小事而浪費時間、耗費精力是不值得的。英國著名作家迪斯雷利曾經說過：「為小事而發脾氣的人，生命是短暫的。」

如果我們真正理解了這句話的深刻含義，那麼我們就不會再為一些不值得一提的小事而憤怒了。

有一個人，他的脾氣非常暴躁，常常動不動就生氣。於是有人給了他一袋釘子，並告訴他，每次發脾氣或者跟人吵架的時候，就在院子裡的籬笆上釘上一根釘子。

第一天，他就釘了三十五根釘子。之後，他慢慢地學會了控制自己的脾氣，每一天釘的釘子也逐漸減少了。他發現，控制自己的脾氣，實際上比釘釘子要容易得多。

終於，有一天，他一根釘子也沒有釘，他把這件事告訴了給他釘子的人。那人告訴他：「從今天起，如果你一天都沒有發脾氣，就可以在這天拔掉一根釘子。」日子一天一天過去，最後，釘子全被拔光了。

那個人告訴他：「你做得很好，可是看看籬笆上的釘子洞，這些洞永遠也不可能恢復了。就像你和一個人吵架，說了些難聽的話，你就在他心裡留下了一個傷口，像這個釘子洞一樣。」

插一把刀子在一個人的身體裡，再拔出來，傷口就難以癒合了。無論你怎麼道歉，傷口總是在那兒。要知道，心靈上的傷口和身體上的傷口一樣都難以恢復。

生氣就是拿別人的錯誤來懲罰自己。這是一句至理名言。如果說，我們遇到一點點的小事情就大發脾氣，難道對方就會得到懲罰了嗎？結果也只能適得其反。

試想一下，如果我們生氣大哭一場，只會把自己的眼睛哭得紅腫；如果我們喝悶酒，只會傷害自己的身體；如果我們瘋狂購物，也只能揮霍掉自己的血汗錢。這其實都是在變相的懲罰自己。

所以說，生氣不但不能解決問題，還會把問題搞得複雜化。回過頭來，仔細地想一下，人生在世也就那麼幾十年，為什麼非要讓生氣來占據自己的生活空間呢？來人世走這麼一遭真的是很不容易，為什麼要讓人生的旅程走得如此舉步維艱呢？

人的生命是非常有限的，生氣發怒是對時間和情感的浪費。雖然憤怒是一種正常的生理反應，但是我們應該成為自己情緒的主人，而不是被他人所左右。

任何一個明智的人都不會把時間浪費在發怒上，這是對自己生命的褻瀆。把生氣的時間用在盡可能地把事情變得更好，才是真正尊重自己的好方法、好做法，才能讓有限的生命綻放出絢麗的色彩。

幸福定位於給予

父母，給予了我們生命，讓我們有機會可以看看這個花花世界；遇到困難，是朋友給予了我們幫助，讓我們走出心情失落的低谷；是最愛的他給予了我們最無微不至的關心和愛護，我們的生命因此而發生改變。

給予也是幸福

從小到大，父母一直在給予我們：所有的關心、所有的呵護、所有的愛，父母都不遺餘力的全部給了我們。這就是做父母的幸福，他們把所有的愛和關心都傾注在我們身上，對於他們來說，這就是一種莫大的幸福。

早上剛起床，媽媽就已經給我們做好了熱騰騰的飯菜，媽媽認為給予我們最好的生活是最幸福的事情。

不論是生活上的還是學習上的，只要我們有需要，爸爸都盡量滿足我們的要求，並力求達到最好，他認為給我們最好的生活保障是最幸福的事情。

生病了，另一半一直守候在我們身邊，端茶倒水。他（她）覺得給予我們最無微不至的關心和愛護就是他（她）最幸福的事情。

走在路上，一個素不相識的人給予了一個大大的笑臉，我們的心情變好了，他就覺得自己能夠給別人帶來快樂，是他最幸福的事情。

仔細地想一想，幸福的定位其實很簡單，只要我們懂得給予，就有機會獲得它。不論是父母還是戀人，他們把給予我們最好的愛當成是最大的幸福。那麼，我們也應該試著把自己的愛給予他們：

在天氣變冷的時候，提醒爸媽注意添衣保暖，給予他們最貼心的關懷。

當最親愛的他（她），下班拖著一身疲憊回到家的時候，泡上一杯熱茶，給予他（她）最溫暖的體貼。

當朋友因為失戀或工作不順心而感到萬分沮喪時候，陪他（她）渡過最難受的時刻，給予他（她）最大的安慰。

因為出差而到外地的時候，別忘記給最親的人帶回一些我們的心意，給予他們物質上的滿足。

當一個陌生人需要幫助的時候，學會伸出援助之手幫助他們，給予他們一絲溫暖。

當我們學會愛別人的時候，別人才有可能愛我們。只有學會給予，才能感受到幸福的所在。也就是說，當我們拿起鮮花贈送給別人的時候，最先聞到芬芳的是我們自己；當我們抓起泥巴試圖拋向別人時，弄髒的必先是自己的手。

而親人是我們生命當中最重要的人，因此，我們更有責任給予他們滿滿的幸福。

把我全部的愛都給你

愛心，就像是一顆熠熠奪目的鑽石，不管在什麼時候，都會煥發耀眼的光芒；愛心，又像一場恰逢其時的甘霖，滋潤著那希冀已久的心田；愛心，似一支能夠鼓舞人心的勵志歌曲，促使在人生道路上徘徊躊躇的人坦然向前進。

人生這條路太長太長，長得我們在路途當中需要很多人的愛：父母的關愛，戀人的關愛，還有朋友的關愛。就這麼一路精彩的走下來，我們會發現，自己是最幸福的，因為我們擁有好多人的愛。

而在這麼多的愛當中，父母給予我們的愛是最偉大的。他們從來都不求回報，只要我們過得好，他們就會覺得幸福。

這是一個發生在一位遊子與母親之間的故事。

遊子探親期滿，再一次離開家，離開他最愛的故鄉，踏上遠方的征程。母親送他到車站。兒子旅行包的拎帶突然被月台上的人給擠斷了。眼看就要到火車發車的時間了，母親急忙從身上解下褲腰帶，由於心急又用力，她把臉都漲紅了。兒子問母親怎麼回家呢？母親淡淡地說，不要緊，你慢走。

後來，兒子一直把母親的褲腰帶珍藏在身邊。多少年來，兒子一直在想，他母親沒有褲腰帶，是怎樣走回幾里地外的家的。

在我們的人生當中，會面對很多困難，但父母的愛會一直伴隨我們。窘困時，能傾注所有幫助我們的是父母；受委屈時，能耐心聽我們哭訴的是父母；犯錯誤時，能毫不猶豫原諒我們的也是父母；遠走他鄉時，時刻牽掛我們的依然是父母。

在他們眼裡，無論我們是三歲還是四十歲、八十歲……永遠是孩子，永遠需要他們的關心與呵護。

辛辛苦苦，忙忙碌碌，父母為了我們總有著操不完的心。以至於我們都長大成人了，在父母的眼裡，我們依然還只是一個孩子。如果我們要出遠門，他們還是千叮嚀萬囑咐的，生怕我們吃不好、睡不好。這就是為人父母對孩子的愛。

感謝我們的父母，感謝他們帶我們到這個五彩繽紛的世界上。是他們賦予了我們生命。事實上，我們每一個人都沒有權利給父母做出任何壞的評價。因為，當他們生出我們，並給了我們來到這個世界上的權利的時候，我們就應該感謝他們了。

父母愛的表現方式有很多種：有的是物質上的；有的是言語上的；還有的是默默的生活上的關心。在這個世界上沒有什麼是圓滿的，所以，當我們得到父母所給予的任何方式的愛時，就應該知足了。

父母總是無私地奉獻著，他們把愛都給了我們，卻沒有想著讓我們回報。儘管我們犯過多少次的錯，他們少有怨言，看著我們過得好，他們也就心滿意足了。因此，為人兒女的，是否應找點空閒，找點時間，帶上祝福，常回家看看呢？

做自己情緒的主人

每個人都會遇到坎坷、逆境，如果不能及時調整自己的情緒，進行自我控制，則很難到達「柳暗花明」的境地。生活上的遊刃有餘和工作上的得心應手，都依賴於控制情緒和嚴格的自我約束。

都是情緒惹的禍

小周工作當中遇到了不順心的事情，肚子裡像壓了一股莫名其妙的怒火，總想找個人發洩一下，於是想到了最愛的她，看到她的一舉一動，都讓小周覺得不滿意。

阿芬的孩子都那麼大了，還是一點也不聽話，老是讓阿芬有著操不完的心，她無奈、生氣，可是仍然沒有辦法，甚至已到了無話可說的地步。

一個不小心，建國把重要的文件給弄丟了，翻遍了整個家都沒有找到，他開始像一隻熱鍋上的螞蟻變得焦躁不安。

這些現象我們早就司空見慣，覺得沒有什麼，就好像別人正在演一齣搞笑的情境劇一般。可是，這些事情一旦發生在自己身上，我們就不會覺得如此的輕鬆自在了。原因很簡單，因為我們成了主角。而且，這些沒來由的情緒，我們也會有，說不定會比這些還嚴重。

考試前焦慮不安、坐臥不寧；受到老師父母批評後眼前一片空白；和老公吵架之後，心情不爽，不願上班；和同學朋友爭吵後，氣得上街亂逛，買一堆用不到的東西洩憤。

這就是情緒，像這類「犯規」的舉止，偶爾一次還不要緊，如果經常這樣，可就要小心了！因為不知不覺中，我們已經成了「感覺」的奴隸，陷於情緒的泥淖而無法自拔，所以一旦心情不好，就「不得不」坐立不安，「不得不」蹺班、「不得不」亂花錢、「不得不」酗酒滋事。

是的，這些都是情緒惹的禍。沒有一個人能夠完全擺脫這些不良情緒的困擾。情緒這個字眼不啻於洪水猛獸，唯恐避之不及！

你常常對孩子說：「不要老是哭個沒完！」丈夫常常對妳說：「不要整天發脾氣！」媽媽常常對你說：「不要有那麼多的抱怨！」這無形中表達出我們對情緒的恐懼及無奈。

也因此，很多人在壞情緒來臨時，莽莽撞撞，處理不當，輕者影響自己的正常生活，重者還可能傷害到自己最親的人。以至於我們會發現：原本是最親的人，最後卻離自己越來越遠了。

把握好自己的情緒

美國著名心理學家丹尼爾認為，一個優秀的人，只有20％是靠IQ（智商），80％是憑藉EQ（情商）而獲得。而EQ管理的理念即是用科學的、人性的態度和技巧來管理人們的情緒，善於做情緒的主人，就會獲得比較幸福的生活。

從前有個犯人，一審被判死刑、二審終了之際，法官問犯人：「你還有沒有什麼要說的？」他回了一句：「幹！」

法官一聽大怒，於是訓斥了他十幾分鐘……

犯人靜靜地聽完之後對法官說：「法官大人，您是個受過教育的高級知識份子，聽了我一句髒話也會如此動怒，而我只有國中畢業，當我看到老婆跟別的男人在床上，於是我一氣之下就將他們殺了！實在是當時太衝動，無法克制自己的情緒造成的。」

後來，這位犯人從死刑被改判為無期徒刑……

王安石曾有一首詩，與「情緒智能」有關——「風吹屋簷瓦，瓦墜破我頭；我不恨此瓦，此瓦不自由。」的確，他說的一點都沒有錯，砸到我們的那片瓦，是被風吹落的，它並沒有自由，也不是故意的！

人的情緒控制能力與學識高低並無直接關係，人在憤怒時，常控制不住「手勁」，一失手就是一生無法彌補的遺憾！所以我們必須學習「提高情緒自制力」，試著讓激動和盛怒降溫；因為動不動就憤怒的人，只是顯示自己幼稚得無法自我駕馭情緒！

大多數人都有過受累於情緒的經歷，似乎煩惱、壓抑、失落甚至痛苦總是接二連三地襲來，於是頻頻抱怨生活對自己不公平，企盼某一天歡樂能從此降臨。

其實喜怒哀樂是人之常情，想讓生活中不出現一點煩心之事幾乎是不可能的，關鍵是如何有效地調整控制自己的情緒，做生活的主人，做情緒的主人。

大都會文化圖書目錄

●度小月系列

路邊攤賺大錢【搶錢篇】	280 元	路邊攤賺大錢 2【奇蹟篇】	280 元
路邊攤賺大錢 3【致富篇】	280 元	路邊攤賺大錢 4【飾品配件篇】	280 元
路邊攤賺大錢 5【清涼美食篇】	280 元	路邊攤賺大錢 6【異國美食篇】	280 元
路邊攤賺大錢 7【元氣早餐篇】	280 元	路邊攤賺大錢 8【養生進補篇】	280 元
路邊攤賺大錢 9【加盟篇】	280 元	路邊攤賺大錢 10【中部搶錢篇】	280 元
路邊攤賺大錢 11【賺翻篇】	280 元	路邊攤賺大錢 12【大排長龍篇】	280 元
路邊攤賺大錢 13【人氣推薦篇】	280 元	路邊攤賺大錢 14【精華篇】	280 元

● DIY 系列

路邊攤美食 DIY	220 元	嚴選台灣小吃 DIY	220 元
路邊攤超人氣小吃 DIY	220 元	路邊攤紅不讓美食 DIY	220 元
路邊攤流行冰品 DIY	220 元	路邊攤排隊美食 DIY	220 元
把健康吃進肚子— 40 道輕食料理 easy 做	250 元		

●流行瘋系列

跟著偶像 FUN 韓假	260 元	女人百分百—男人心中的最愛	180 元
哈利波特魔法學院	160 元	韓式愛美大作戰	240 元
下一個偶像就是你	180 元	芙蓉美人泡澡術	220 元
Men 力四射—型男教戰手冊	250 元	男體使用手冊－ 35 歲⁺♂保健之道	250 元
想分手？這樣做就對了！	180 元		

●生活大師系列

遠離過敏— 打造健康的居家環境	280 元	這樣泡澡最健康— 紓壓．排毒．瘦身三部曲	220 元
兩岸用語快譯通	220 元	台灣珍奇廟—發財開運祈福路	280 元
魅力野溪溫泉大發見	260 元	寵愛你的肌膚—從手工香皂開始	260 元
舞動燭光—手工蠟燭的綺麗世界	280 元	空間也需要好味道— 打造天然香氛的 68 個妙招	260 元
雞尾酒的微醺世界— 調出你的私房 Lounge Bar 風情	250 元	野外泡湯趣—魅力野溪溫泉大發見	260 元
肌膚也需要放輕鬆— 徜徉天然風的 43 項舒壓體驗	260 元	辦公室也能做瑜珈— 上班族的紓壓活力操	220 元

別再說妳不懂車— 男人不教的 Know How	249 元	一國兩字—兩岸用語快譯通	200 元
宅典	288 元	超省錢浪漫婚禮	250 元
旅行，從廟口開始	280 元		

●寵物當家系列

Smart 養狗寶典	380 元	Smart 養貓寶典	380 元
貓咪玩具魔法 DIY— 讓牠快樂起舞的 55 種方法	220 元	愛犬造型魔法書—讓你的寶貝漂亮一下	260 元
漂亮寶貝在你家—寵物流行精品 DIY	220 元	我的陽光 · 我的寶貝—寵物真情物語	220 元
我家有隻麝香豬—養豬完全攻略	220 元	SMART 養狗寶典（平裝版）	250 元
生肖星座招財狗	200 元	SMART 養貓寶典（平裝版）	250 元
SMART 養兔寶典	280 元	熱帶魚寶典	350 元
Good Dog—聰明飼主的愛犬訓練手冊	250 元	愛犬特訓班	280 元
City Dog—時尚飼主的愛犬教養書	280 元	愛犬的美味健康煮	250 元
Know Your Dog—愛犬完全教養事典	320 元		

●人物誌系列

現代灰姑娘	199 元	黛安娜傳	360 元
船上的 365 天	360 元	優雅與狂野—威廉王子	260 元
走出城堡的王子	160 元	殞逝的英格蘭玫瑰	260 元
貝克漢與維多利亞—新皇族的真實人生	280 元	幸運的孩子—布希王朝的真實故事	250 元
瑪丹娜—流行天后的真實畫像	280 元	紅塵歲月—三毛的生命戀歌	250 元
風華再現—金庸傳	260 元	俠骨柔情—古龍的今生今世	250 元
她從海上來—張愛玲情愛傳奇	250 元	從間諜到總統—普丁傳奇	250 元
脫下斗篷的哈利—丹尼爾 · 雷德克里夫	220 元	蛻變—章子怡的成長紀實	260 元
強尼戴普— 可以狂放叛逆，也可以柔情感性	280 元	棋聖 吳清源	280 元
華人十大富豪—他們背後的故事	250 元	世界十大富豪　他們背後的故事	250 元
誰是潘柳黛？	280 元		

●心靈特區系列

每一片刻都是重生	220 元	給大腦洗個澡	220 元
成功方與圓—改變一生的處世智慧	220 元	轉個彎路更寬	199 元
課本上學不到的 33 條人生經驗	149 元	絕對管用的 38 條職場致勝法則	149 元
從窮人進化到富人的 29 條處事智慧	149 元	成長三部曲	299 元

書名	定價	書名	定價
心態—成功的人就是和你不一樣	180 元	當成功遇見你—迎向陽光的信心與勇氣	180 元
改變，做對的事	180 元	智慧沙	199 元（原價 300 元）
課堂上學不到的 100 條人生經驗	199 元（原價 300 元）	不可不防的 13 種人	199 元（原價 300 元）
不可不知的職場叢林法則	199 元（原價 300 元）	打開心裡的門窗	200 元
不可不慎的面子問題	199 元（原價 300 元）	交心—別讓誤會成為拓展人脈的絆腳石	199 元
方圓道	199 元	12 天改變一生	199 元（原價 280 元）
氣度決定寬度	220 元	轉念—扭轉逆境的智慧	220 元
氣度決定寬度 2	220 元	逆轉勝—發現在逆境中成長的智慧	199 元（原價 300 元）
智慧沙 2	199 元	好心態，好自在	220 元
生活是一種態度	220 元	要做事，先做人	220 元
忍的智慧	220 元	交際是一種習慣	220 元
溝通—沒有解不開的結	220 元	愛の練習曲—與最親的人快樂相處	220 元
有一種財富叫智慧	199 元		

● SUCCESS 系列

書名	定價	書名	定價
七大狂銷戰略	220 元	打造一整年的好業績—店面經營的 72 堂課	200 元
超級記憶術—改變一生的學習方式	199 元	管理的鋼盔—商戰存活與突圍的 25 個必勝錦囊	200 元
搞什麼行銷— 152 個商戰關鍵報告	220 元	精明人聰明人明白人—態度決定你的成敗	200 元
人脈＝錢脈—改變一生的人際關係經營術	180 元	週一清晨的領導課	160 元
搶救貧窮大作戰？ 48 條絕對法則	220 元	搜驚 ‧ 搜精 ‧ 搜金 —從 Google 的致富傳奇中，你學到了什麼？	199 元
絕對中國製造的 58 個管理智慧	200 元	客人在哪裡？—決定你業績倍增的關鍵細節	200 元
殺出紅海—漂亮勝出的 104 個商戰奇謀	220 元	商戰奇謀 36 計—現代企業生存寶典 I	180 元
商戰奇謀 36 計—現代企業生存寶典 II	180 元	商戰奇謀 36 計—現代企業生存寶典 III	180 元
幸福家庭的理財計畫	250 元	巨賈定律—商戰奇謀 36 計	498 元
有錢真好！輕鬆理財的 10 種態度	200 元	創意決定優勢	180 元
我在華爾街的日子	220 元	贏在關係—勇闖職場的人際關係經營術	180 元
買單！一次就搞定的談判技巧	199 元（原價 300 元）	你在說什麼？—39 歲前一定要學會的 66 種溝通技巧	220 元
與失敗有約 —13 張讓你遠離成功的入場券	220 元	職場 AQ —激化你的工作 DNA	220 元

智取—商場上一定要知道的 55 件事	220 元	鏢局—現代企業的江湖式生存	220 元
到中國開店正夯《餐飲休閒篇》	250 元	勝出！—抓住富人的 58 個黃金錦囊	220 元
搶賺人民幣的金雞母	250 元	創造價值—讓自己升值的 13 個秘訣	220 元
李嘉誠談做人做事做生意	220 元	超級記憶術（紀念版）	199 元
執行力—現代企業的江湖式生存	220 元	打造一整年的好業績—店面經營的 72 堂課	220 元
週一清晨的領導課（二版）	199 元	把生意做大	220 元
李嘉誠再談做人做事做生意	220 元	好感力—辦公室 C 咖出頭天的生存術	220 元
業務力—銷售天王 VS. 三天陣亡	220 元	人脈＝錢脈—改變一生的人際關係經營術（平裝紀念版）	199 元
活出競爭力—讓未來再發光的 4 堂課	220 元	選對人，做對事	220 元
先做人，後做事	220 元		

●都會健康館系列

秋養生—二十四節氣養生經	220 元	春養生—二十四節氣養生經	220 元
夏養生—二十四節氣養生經	220 元	冬養生—二十四節氣養生經	220 元
春夏秋冬養生套書	699 元（原價 880 元）	寒天—0 卡路里的健康瘦身新主張	200 元
地中海纖體美人湯飲	220 元	居家急救百科	399 元（原價 550 元）
病由心生—365 天的健康生活方式	220 元	輕盈食尚—健康腸道的排毒食方	220 元
樂活，慢活，愛生活—健康原味生活 501 種方式	250 元	24 節氣養生食方	250 元
24 節氣養生藥方	250 元	元氣生活—日の舒暢活力	180 元
元氣生活—夜の平靜作息	180 元	自療—馬悅凌教你管好自己的健康	250 元
居家急救百科（平裝）	299 元	秋養生—二十四節氣養生經	220 元
冬養生—二十四節氣養生經	220 元	春養生—二十四節氣養生經	220 元
夏養生—二十四節氣養生經	220 元	遠離過敏—打造健康的居家環境	280 元
溫度決定生老病死	250 元	馬悅凌細說問診單	250 元
你的身體會說話	250 元		

● CHOICE 系列

入侵鹿耳門	280 元	蒲公英與我—聽我說說畫	220 元
入侵鹿耳門（新版）	199 元	舊時月色（上輯＋下輯）	各 180 元
清塘荷韻	280 元	飲食男女	200 元
梅朝榮品諸葛亮	280 元	老子的部落格	250 元
孔子的部落格	250 元	翡冷翠山居閒話	250 元
大智若愚	250 元	野草	250 元
清塘荷韻（二版）	280 元	舊時月色（二版）	280 元

●FORTH 系列

印度流浪記—滌盡塵俗的心之旅	220 元	胡同面孔— 古都北京的人文旅行地圖	280 元
尋訪失落的香格里拉	240 元	今天不飛—空姐的私旅圖	220 元
紐西蘭奇異國	200 元	從古都到香格里拉	399 元
馬力歐帶你瘋台灣	250 元	瑪杜莎艷遇鮮境	180 元

●大旗藏史館

大清皇權遊戲	250 元	大清后妃傳奇	250 元
大清官宦沉浮	250 元	大清才子命運	250 元
開國大帝	220 元	圖說歷史故事—先秦	250 元
圖說歷史故事—秦漢魏晉南北朝	250 元	圖說歷史故事—隋唐五代兩宋	250 元
圖說歷史故事—元明清	250 元	中華歷代戰神	220 元
圖說歷史故事全集	880 元（原價 1000 元）	人類簡史—我們這三百萬年	280 元
世界十大傳奇帝王	280 元	中國十大傳奇帝王	280 元
歷史不忍細讀	250 元	歷史不忍細讀 II	250 元

●大都會運動館

野外求生寶典—活命的必要裝備與技能	260 元	攀岩寶典— 安全攀登的入門技巧與實用裝備	260 元
風浪板寶典— 駕馭的駕馭的入門指南與技術提升	260 元	登山車寶典— 鐵馬騎士的駕馭技術與實用裝備	260 元
馬術寶典—騎乘要訣與馬匹照護	350 元		

●大都會休閒館

賭城大贏家—逢賭必勝祕訣大揭露	240 元	旅遊達人— 行遍天下的 109 個 Do & Don't	250 元
萬國旗之旅—輕鬆成為世界通	240 元	智慧博奕—賭城大贏家	280 元

●大都會手作館

樂活，從手作香皂開始	220 元	Home Spa & Bath — 玩美女人肌膚的水嫩體驗	250 元
愛犬的宅生活— 50 種私房手作雜貨	250 元	Candles 的異想世界—不思議の手作蠟燭魔法書	280 元

●世界風華館

環球國家地理・歐洲（黃金典藏版）	250 元	環球國家地理・亞洲・大洋洲（黃金典藏版）	250 元
環球國家地理・非洲・美洲・兩極（黃金典藏版）	250 元	中國國家地理・華北・華東（黃金典藏版）	250 元
中國國家地理・中南・西南（黃金典藏版）	250 元	中國國家地理・東北・西東・港澳（黃金典藏版）	250 元
中國最美的 96 個度假天堂	250 元	非去不可的 100 個旅遊勝地・世界篇	250 元
非去不可的 100 個旅遊勝地・中國篇	250 元	環球國家地理【全集】	660 元
中國國家地理【全集】	660 元		

● BEST 系列

人脈＝錢脈—改變一生的人際關係經營術（典藏精裝版）	199 元	超級記憶術—改變一生的學習方式	220 元

● STORY 系列

失聯的飛行員—一封來自 30,000 英呎高空的信	220 元	Oh, My God! —阿波羅的倫敦愛情故事	280 元
國家寶藏 1 —天國謎墓	199 元	國家寶藏 2 —天國謎墓 II	199 元
國家寶藏 3 —南海鬼谷	199 元	國家寶藏 4 —南海鬼谷 II	199 元
國家寶藏 5 —樓蘭奇宮	199 元	國家寶藏 6 —樓蘭奇宮 II	199 元
國家寶藏 7 —關中神陵	199 元	國家寶藏 8 —關中神陵 II	199 元
國球的眼淚	250 元		

● FOCUS 系列

中國誠信報告	250 元	中國誠信的背後	250 元
誠信—中國誠信報告	250 元	龍行天下—中國製造未來十年新格局	250 元
金融海嘯中，那些人與事	280 元	世紀大審—從權力之巔到階下之囚	250 元

●禮物書系列

印象花園 梵谷	160 元	印象花園 莫內	160 元
印象花園 高更	160 元	印象花園 竇加	160 元
印象花園 雷諾瓦	160 元	印象花園 大衛	160 元
印象花園 畢卡索	160 元	印象花園 達文西	160 元

印象花園 米開朗基羅	160 元	印象花園 拉斐爾	160 元
印象花園 林布蘭特	160 元	印象花園 米勒	160 元
絮語說相思 情有獨鍾	200 元		

●精緻生活系列

女人窺心事	120 元	另類費洛蒙	180 元
花落	180 元		

● CITY MALL 系列

別懷疑！我就是馬克大夫	200 元	愛情詭話	170 元
唉呀！真尷尬	200 元	就是要賴在演藝	180 元

●親子教養系列

孩童完全自救寶盒（五書＋五卡＋四卷錄影帶）3,490 元（特價 2,490 元）		孩童完全自救手冊一這時候你該怎麼辦（合訂本）	299 元
我家小孩愛看書一Happy 學習 easy go ！	200 元	天才少年的 5 種能力	280 元
哇塞！你身上有蟲！一學校忘了買、老師不敢教，史上最髒的科學書	250 元	天才少年的 5 種能力（二版）	280 元

◎關於買書：

1. 大都會文化的圖書在全國各書店及誠品、金石堂、何嘉仁、敦煌、紀伊國屋、諾貝爾等連鎖書店均有販售，如欲購買本公司出版品，建議你直接洽詢書店服務人員以節省您寶貴時間，如果書店已售完，請撥本公司各區經銷商服務專線洽詢。

北部地區：(02)85124067　桃竹苗地區：(03)2128000

中彰投地區：(04)27081282 或 22465179　雲嘉地區：(05)2354380

臺南地區：(06)2642655　高屏地區：(07)2367015

2. 到以下各網路書店購買：

大都會文化網站（http://www.metrobook.com.tw)

博客來網路書店（http://www.books.com.tw)

金石堂網路書店（http://www.kingstone.com.tw)

3. 到郵局劃撥：

戶名：大都會文化事業有限公司　帳號：14050529

4. 親赴大都會文化買書可享 8 折優惠。

我要購買以下書籍

書名	單價	數量	合計

購書金額未滿600元，另加收60元國內掛號郵資或貨運專送運費。

總計數量及金額：共________本，合計________________元

通訊欄（限與本次存款有關事項）

98-04-43-04

郵政劃撥儲金存款單

收款帳號 1 4 0 5 0 5 2 9

金額 新台幣（小寫） 億 仟萬 佰萬 拾萬 萬 仟 佰 拾 元

收款戶名 大都會文化事業有限公司

寄款人 □他人存款 □本戶存款

主管：

姓名

地址 □□□-□□

電話

經辦局收款戳

虛線內備供機器印錄用請勿填寫

郵政劃撥儲金存款收據

◎寄款人請注意背面說明

◎本收據由電腦印錄請勿填寫

收款帳號戶名

存款金額

電腦紀錄

經辦局收款戳

郵政劃撥存款收據注意事項

一、本收據請妥為保管，以便日後查考。
二、如欲查詢存款入帳詳情時，請檢附本收據及已填妥之查詢函向任一郵局辦理
三、本收據各項金額、數字係機器印製，如非機器列印或經塗改或無收款郵局收訖章者無效。

大都會文化、大旗出版社讀者請注意

一、帳號、戶名及寄款人姓名地址各欄請詳細填明，以免誤寄；抵付票據之存款，務請於交換前一天存入。
二、本存款單金額之幣別為新台幣，每筆存款至少須在新台幣十五元以上，且限填至元位為止。
三、倘金額塗改時請更換存款單重新填寫。
四、本存款單不得黏貼或附寄任何文件。
五、本存款金額業經電腦登帳後，不得申請撤回。
六、本存款單備供電腦影像處理，請以正楷工整書寫並請勿摺疊。帳戶如需自印存款單，各欄文字及規格必須與本單完全相符；如有不符，各局應婉請寄款人更換郵局印製之存款單填寫，以利處理。
七、本存款單帳號與金額欄請以阿拉伯數字書寫。
八、帳戶本人在「付款局」所在直轄市或縣(市)以外之行政區域存款，需由帳戶內扣收手續費。

如果您在存款上有任何問題，歡迎您來電洽詢
讀者服務專線：(02)2723-5216(代表線)
為您服務時間：09：00～18：00(週一至週五)
大都會文化事業有限公司　讀者服務部

交易代號：0501、0502 現金存款　0503票據存款　2212 劃撥票據託收

幸福從改變態度開始

作者	黃冠誠
發行人	林敬彬
主編	楊安瑜
編輯	李彥蓉
內頁編排	帛格有限公司
封面設計	101廣告有限公司
出版	大都會文化事業有限公司　行政院新聞局北市業字第89號
發行	大都會文化事業有限公司 110台北市信義區基隆路一段432號4樓之9 讀者服務專線：(02)27235216 讀者服務傳真：(02)27235220 電子郵件信箱：metro@ms21.hinet.net 網　址：www.metrobook.com.tw
郵政劃撥	14050529 大都會文化事業有限公司
出版日期	2010年5月初版一刷
定價	220元
ISBN	978-986-6846-89-2
書號	Growth-034

4F-9, Double Hero Bldg., 432, Keelung Rd., Sec. 1,
Taipei 110, Taiwan
Tel:+886-2-2723-5216　Fax:+886-2-2723-5220
Web-site:www.metrobook.com.tw
E-mail:metro@ms21.hinet.net

國家圖書館出版品預行編目資料

幸福，從改變態度開始／黃冠誠著. -- 初版. --
臺北市：大都會文化, 2010. 05
　冊；公分. -- (Growth ; 34)

ISBN 978-986-6846-89-2（平裝）

1. 家庭關係　2. 家庭溝通　3. 親子關係

544.1　　99004660

大都會文化　讀者服務卡

書名：幸福從改變態度開始

謝謝您選擇了這本書！期待您的支持與建議，讓我們能有更多聯繫與互動的機會。

A. 您在何時購得本書：______年______月______日

B. 您在何處購得本書：____________書店，位於____________(市、縣)

C. 您從哪裡得知本書的消息：

1.□書店　2.□報章雜誌　3.□電台活動　4.□網路資訊

5.□書籤宣傳品等　6.□親友介紹　7.□書評　8.□其他

D. 您購買本書的動機：（可複選）

1.□對主題或內容感興趣　2.□工作需要　3.□生活需要

4.□自我進修　5.□內容為流行熱門話題　6.□其他

E. 您最喜歡本書的：（可複選）

1.□內容題材　2.□字體大小　3.□翻譯文筆　4.□封面　5.□編排方式　6.□其他

F. 您認為本書的封面：1.□非常出色　2.□普通　3.□毫不起眼　4.□其他

G. 您認為本書的編排：1.□非常出色　2.□普通　3.□毫不起眼　4.□其他

H. 您通常以哪些方式購書：(可複選)

1.□逛書店　2.□書展　3.□劃撥郵購　4.□團體訂購　5.□網路購書　6.□其他

I. 您希望我們出版哪類書籍：（可複選）

1.□旅遊　2.□流行文化　3.□生活休閒　4.□美容保養　5.□散文小品

6.□科學新知　7.□藝術音樂　8.□致富理財　9.□工商企管　10.□科幻推理

11.□史哲類　12.□勵志傳記　13.□電影小說　14.□語言學習（_____語）

15.□幽默諧趣　16.□其他

J. 您對本書(系)的建議：

____

K. 您對本出版社的建議：

____

讀者小檔案

姓名：______________ 性別：□男　□女　生日：____年____月____日

年齡：□20歲以下 □21～30歲 □31～40歲 □41～50歲 □51歲以上

職業：1.□學生 2.□軍公教 3.□大眾傳播 4.□服務業 5.□金融業 6.□製造業

7.□資訊業 8.□自由業 9.□家管 10.□退休 11.□其他

學歷：□國小或以下 □國中 □高中／高職 □大學／大專 □研究所以上

通訊地址：______________________________

電話：（H）______________（O）______________　傳真：______________

行動電話：______________E-Mail：______________

◎謝謝您購買本書，也歡迎您加入我們的會員，請上大都會文化網站 www.metrobook.com.tw 登錄您的資料。您將不定期收到最新圖書優惠資訊和電子報。

幸福從改變態度開始

北區郵政管理局
登記證北台字第9125號
免貼郵票

大都會文化事業有限公司

讀者服務部 收

110台北市基隆路一段432號4樓之9

寄回這張服務卡〔免貼郵票〕
您可以：
◎不定期收到最新出版訊息
◎參加各項回饋優惠活動

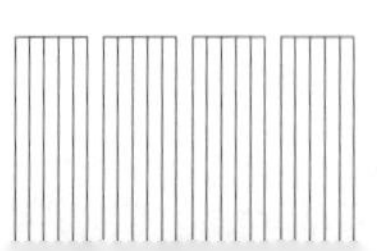

大都會文化
METROPOLITAN CULTURE

大都會文化
METROPOLITAN CULTURE

大都會文化
METROPOLITAN CULTURE

大都會文化
METROPOLITAN CULTURE